À vous de jouer !

Stéphan Bilodeau

Martin Charbonneau

À vous de jouer !

Le labyrinthe enchanté

Stéphan Bilodeau

Martin Charbonneau

AdA Inc.

Éditeur : François Doucet
Révision linguistique : Nicole Demers, André St-Hilaire
Révision : Nancy Coulombe, Suzanne Turcotte, Marie-Lise Poirier
Design de la couverture : Matthieu Fortin
Illustration de la page couverture : Dominique Labbé
Illustrations de l'intérieur : Dominique Labbé et Sylvie Valois
Illustrations : Dominique Labbé, Sylvie Valois
Mise en page : Sylvie Valois
ISBN 978-2-89565-646-3
Première impression : 2007
Dépôt légal : 2007
Bibliothèque et Archives nationales du Québec
Bibliothèque Nationale du Canada

Éditions AdA Inc.
1385, boul. Lionel-Boulet
Varennes, Québec, Canada, J3X 1P7
Téléphone : 450-929-0296
Télécopieur : 450-929-0220
www.ada-inc.com
info@ada-inc.com

Diffusion

Canada : Éditions AdA Inc.
France : D.G. Diffusion
ZI de Bogues
31750 Escalquens Cedex-France
Téléphone : 05-61-00-09-99
Suisse : Transat - 23.42.77.40
Belgique : D.G. Diffusion - 05-61-00-09-99

Imprimé au Canada

Participation de la SODEC.
Nous reconnaissons l'aide financière du gouvernement du Canada par l'entremise du Programme d'aide au développement de l'industrie de l'édition (PADIÉ) pour nos activités d'édition.
Gouvernement du Québec - Programme de crédit d'impôt pour l'édition de livres - Gestion SODEC.

Catalogage avant publication de Bibliothèque et Archives nationales du Québec et Bibliothèque et Archives Canada

Bilodeau, Stéphan, 1967-
À vous de jouer!
"Livre-jeu d'aventures".
Sommaire: t. 1. La forêt noire -- t. 2. Le labyrinthe enchanté.
Pour enfants de 7 à 10 ans.
ISBN 978-2-89565-645-6 (v. 1)
ISBN 978-2-89565-606-7 (v. 2)

1. Livres dont vous êtes le héros. I. Charbonneau, Martin, 1972- . II. Titre. III. Titre: La forêt noire. IV. Titre: Le labyrinthe enchanté.
PS8603.I465A62 2007 jC843'.6 C2007-940961-X
PS9603.I465A62 2007

Des rumeurs ont été rapportées par les pêcheurs du nord. Il semblerait que sur l'île du Dédale règne une agitation anormale.

Le roi vous demande d'aller voir ce qui s'y passe. Vous êtes toujours partant pour une aventure, mais, cette fois-ci, vous êtes loin d'imaginer ce qui vous attend…

Transformez-vous en paladin, druide, voleuse, voleur, magicien ou ninja et venez vivre cette belle aventure dans le labyrinthe enchanté !

À vous de jouer…

Vous pouvez maintenant visiter notre petit monde en vous rendant sur le site Web suivant :

www. LivresAvousDeJouer.com

***

Nous tenons à remercier tous ceux qui ont participé de près ou de loin à cette merveilleuse aventure, particulièrement M. Christophe Legendre (Balthus) et Mme Dominique Labbé (Dominy) pour leur apport à ce merveilleux projet.

Table des matières

Mot de bienvenue

BIENVENUE dans ce monde fantastique dont vous êtes le personnage principal. Votre quête sera dirigée par vos choix.

Pour cette aventure, vous avez besoin d'un dé à six faces, d'un bon sens de jugement et d'un peu de chance.

En premier lieu, vous devrez créer votre personnage. Dans ce livre, vous pourrez choisir d'être un paladin, un druide, une voleuse, un voleur, un magicien ou un ninja. Choisissez bien car chacun des personnages a ses propres facultés (le chapitre suivant vous expliquera la marche à suivre). Si vous êtes un habitué de la collection *À vous de jouer !*, vous pouvez également utiliser un personnage que vous avez déjà créé dans l'un des livres de cette série.

Le charme de cette série réside justement dans la liberté d'action que vous avez et dans la possibilité de retrouver votre héros et votre inventaire d'articles d'un livre à l'autre. Bien que cet ouvrage soit fait pour une personne seule, si vous désirez jouer avec un partenaire, vous n'aurez qu'à doubler le nombre de monstres que vous rencontrerez.

Bon, maintenant que nous avons piqué votre curiosité, il ne nous reste plus qu'à vous souhaiter une bonne aventure...

La sélection du personnage

AVANT de commencer cette belle aventure, vous devez sélectionner un personnage. Si vous le désirez, vous pourrez conserver le même personnage que vous avez utilisé dans les autres tomes de la collection *À vous de jouer !*

Vous trouverez à l'annexe A (p. 123) des fiches de personnages que vous pouvez utiliser. Voulez-vous être un paladin, un druide, une voleuse, un voleur, un magicien ou un ninja ? C'est à vous de choisir...

Nous avons aussi inclus, sur notre site Web, de nombreuses classes de personnages que vous pouvez utiliser.

Nom, âge et autres renseignements

Veuillez indiquer le nom ainsi que l'âge de votre personnage. Vous pouvez ajouter d'autres renseignements concernant votre héros, par exemple ses origines, sa race et le nom de ses parents. Plus vous personnaliserez votre protagoniste, plus vous vous y attacherez.

Attaque

Cet attribut représente la rapidité de vos attaques. Ce pointage permettra, à l'aide de la grille d'attaque (présentée un peu plus loin), de déterminer qui frappera en premier. Il est établi en fonction de la classe de votre personnage.

Vie

Cet attribut représente votre vie. Il est déterminé en fonction de la classe de votre personnage. Si vous êtes touché, vous devrez réduire vos points de vie. Attention ! Si ces points baissent jusqu'à zéro, vous mourrez !

Chance

Cet attribut représente votre chance. Il vous sera parfois demandé d'effectuer un « jet de chance ». Dans ce cas, vous devrez simplement lancer un dé. Si votre résultat est égal ou inférieur à votre total de points de chance, vous aurez réussi votre jet.

Habileté

Cet attribut représente votre habileté à effectuer certaines actions. Il vous sera parfois demandé d'effectuer un « jet d'habileté » afin de vérifier si vous réussirez ou non une action en particulier. Dans ce cas, vous devrez simplement lancer un dé. Si votre résultat est égal ou inférieur à vos points d'habileté, vous aurez réussi votre action.

Équipements

Vous avez des équipements de départ en fonction de votre personnage, mais vous pourrez vous en procurer d'autres soit en les trouvant lors de votre quête, soit en les achetant à la ville (voir la section « La boutique »).

Armes/magies

Vous démarrez l'aventure avec plusieurs armes de base. Vous pourrez en obtenir d'autres soit en les trouvant lors de votre quête, soit en les achetant à la boutique. La force de l'arme est décrite dans la colonne « Dégât/magie ».

Attention ! Vous ne pourrez utiliser que les armes autorisées par la classe de votre personnage. Vous pourrez vous en servir aussi souvent que vous le désirerez, ce qui n'est pas le cas pour la magie. Comme les « sorts » nécessitent un grand apprentissage et de nombreux ingrédients pour être réalisés, le magicien ne pourra les utiliser qu'un certain nombre de fois par jour. Voir la colonne « Utilisation » près de la colonne « Dégât/magie ».

Sélectionnez votre fiche et passez à la section suivante.

Quelques règles

La boutique

Au cours de l'aventure, vous pouvez aller à la boutique en tout temps pour y acheter divers équipements.

Vous pourrez vous y procurer un objet en payant le montant indiqué. Vous pourrez aussi vendre un objet en échange de la moitié de sa valeur. Attention ! Le marchand achète seulement les articles qu'il connaît, donc seulement ceux qui sont déjà dans la boutique.

Au cours de votre quête, vous devez respecter le découpage journalier du trajet. Vous trouverez plus loin une carte présentant votre quête. Sur cette carte apparaissent des cercles indiquant les phases de repos (camps) ainsi que des carrés représentant certains événements de l'aventure. Si vous revenez à la ville, vous devrez respecter chacune des étapes mentionnées et relire les paragraphes correspondants.

Les articles de la boutique apparaissent à l'annexe B (p. 131). Il est intéressant de voir que la boutique change d'un livre à l'autre. Donc, profitez-en. De plus, vous trouverez sur notre site Web une boutique virtuelle que vous pourrez utiliser en tout temps pour effectuer vos achats.

Les potions

Vous constaterez rapidement que les potions sont très importantes dans ce jeu. Assurez-vous d'en avoir toujours dans votre équipement. Bien qu'il existe plusieurs catégories de potions, dans ce tome, vous retrouverez principalement des potions de vie. Ces dernières vous permettent de regagner certains des points de vie que vous aviez perdus au combat. Rappelez-vous que vous ne pouvez jamais dépasser votre nombre initial de points de vie.

Vous pouvez vous servir des potions à tout moment, même en cours de combat, sans être pénalisé.

La mort

Comme nous l'avons mentionné, vous êtes déclaré mort quand vos points de vie sont égaux ou inférieurs à zéro. Dans ce cas, vous devez absolument recomposer un personnage et recommencer le jeu au début. Profitez donc de cette occasion pour ne pas commettre les mêmes erreurs…

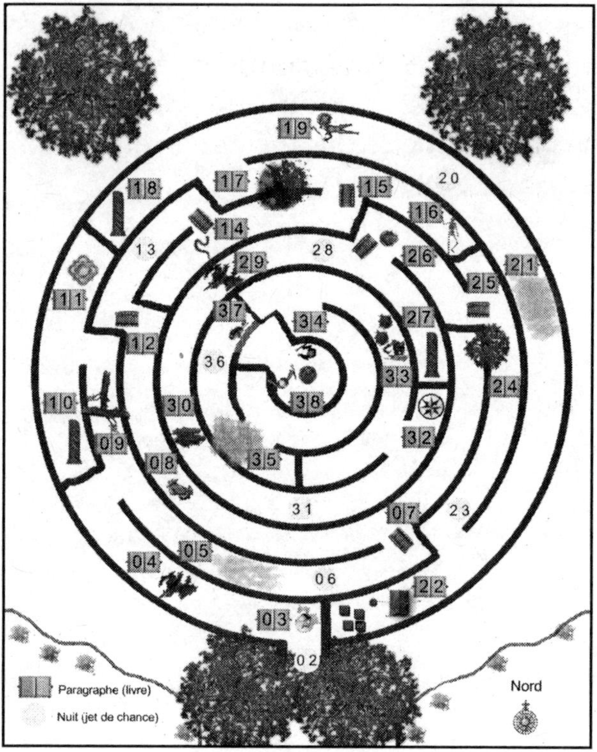
19
17
15
20
18
14
16
13
28
29
26
21
11
25
37
34
27
12
36
33
24
10
30
38
32
09
35
08
31
07
23
05
04
06
22
03
02
Paragraphe (livre)
Nuit (jet de chance)
Nord

L'utilisation de la carte

Lors de votre quête, le maître vous remettra le document suivant, c'est la carte du labyrinthe enchanté. Conservez-la bien car elle vous guidera tout au long de l'aventure. Vous retrouverez également ce document (version couleur) en format imprimable sur notre site Web :

www.LivresAvousDeJouer.com

Les déplacements

Chaque numéro de la carte représente un paragraphe du livre. Vous commencez l'aventure à la section indiquée « Début » (en bas). Par la suite, vous vous déplacez sur un numéro adjacent à votre position et vous lisez le paragraphe du livre correspondant à ce numéro.

Les repos ou les nuits

Au cours de cette aventure, vous serez parfois invité à vous reposer. Sur la carte, les repos sont indiqués par des cercles numérotés. Lors des repos, il vous sera demandé de tenter un « jet de chance » afin de déterminer si la nuit se déroulera bien. Si le repos se passe sans inconvénient, vous regagnerez 2 points de vie et les magiciens récupéreront tous leurs sorts. Attention ! Si vous êtes dérangé pendant la nuit, vous allez devoir combattre (voir « La règle des monstres aléatoires » ci-après) et vous ne récupérerez rien car vous n'aurez pu vous reposer suffisamment.

La règle des monstres aléatoires

Il vous sera parfois demandé, principalement lors des repos, de « lancer un dé selon la règle des monstres aléatoires et de combattre la créature ». Vous devrez dans ce cas :

- lancer un dé (à 6 faces) ;

- ajouter 100 au résultat ;
- aller combattre la créature mentionnée au paragraphe portant le numéro du résultat que vous avez obtenu.

Les retours à la ville

À tout moment, vous pouvez retourner à la ville. Cependant, vous devez repasser par tous les numéros et respecter les zones de repos qui se trouvent sur votre route.

Une fois que vous serez rendu à la ville, vous pourrez aller à la boutique ou vous reposer chez vous. Comparativement à une nuit dans la forêt, qui régénère 2 points de vie, une nuit de repos à la ville permet de récupérer 5 points de vie. Et vous ne risquez pas de rencontrer un monstre aléatoire dans votre chambre !

Les combats

Lors de votre aventure, vous aurez à combattre des créatures terrifiantes. Pour entamer un combat, vous devrez avoir en main un dé ainsi que la grille d'attaque ci-après. Cette grille figure aussi sur toutes les fiches de personnages.

	Différence entre mes points d'attaque et ceux de mon adversaire										
	Désavantage						Avantage				
Lancer 1 dé (6 faces)	5	4	3	2	1	0	1	2	3	4	5
1	0	0	0	0	0	0	0	0	0+1	0+1	0+1
2	X	X	0	0	0	0	0	0	0	0	0+1
3	X	X	X	X	0-1	0	0	0	0	0	0
4	X	X	X	X	X	X	X-1	0	0	0	0
5	X+1	X	X	X	X	X	X	X	X	0	0
6	X+1	X+1	X+1	X	X	X	X	X	X	X	X

La grille d'attaque

Pour lire la grille, vous devez connaître votre avantage ou votre désavantage. Pour ce faire, vous n'avez qu'à lancer un dé et à comparer la valeur obtenue à celle de votre adversaire.

- Si vous avez une valeur d'attaque supérieure à celle de votre adversaire, vous serez en avantage. Comptez combien de points vous séparent de votre adversaire. ***Exemple*** : Si vous avez une valeur d'attaque de 10 et que la valeur de la contre-attaque est de 7, vous aurez un avantage de 3 points (10 – 7). Vous allez donc utiliser la colonne « 3 » de la grille sous le mot « Avantage ».

- Si votre adversaire a une valeur d'attaque supérieure à la vôtre, vous serez en désavantage. Comptez combien de points vous séparent de votre adversaire. ***Exemple*** : Si vous avez une valeur d'attaque de 10 et que la valeur de la contre-attaque est de 12, vous aurez un désavantage de

2 points (12 - 10). Vous allez donc utiliser la colonne « 2 » de la grille sous le mot « Désavantage ».

- Si votre attaque est égale à la contre-attaque, vous allez utiliser la colonne « 0 ».

Une fois que vous connaîtrez la colonne dans laquelle vous devrez jouer, gardez-la en mémoire. Elle ne changera pas durant le combat.

Pour porter un coup, lancez un dé. Les valeurs du dé (de 1 à 6) apparaissent aux six rangées de la grille d'attaque. Selon le chiffre obtenu, rendez-vous à la rangée correspondante jusqu'à la colonne que vous avez mémorisée. Le résultat de l'assaut sera écrit dans la case.

- O : Vous avez touché votre adversaire. Soustrayez de ses points de vie les dégâts infligés par votre arme.

- O + 1 : Vous avez porté un coup très dur ! Soustrayez des points de vie de votre adversaire les dégâts infligés par votre arme, plus 1 point.

- O – 1 : Vous avez porté à votre ennemi un coup léger. Soustrayez de ses points de vie les dégâts infligés par votre arme, moins 1 point.

- X : Votre ennemi vous a blessé. Soustrayez de vos points de vie les dégâts infligés par son arme.

- X + 1 : Votre ennemi vous a porté un coup très dur ! Soustrayez de vos points de vie les dégâts infligés par son arme, plus 1 point.

- X – 1 : Votre ennemi vous a porté un coup léger. Soustrayez de vos points de vie les dégâts infligés par son arme, moins 1 point.

Premier exemple : Vous affrontez un monstre laid. Il a 9 points d'attaque et 11 points de vie. Il est muni de griffes qui causent 3 points de dégât. Vous avez 12 points d'attaque et 20 points de vie. Vous disposez d'une épée qui cause 5 points de dégât.

Vous êtes en avantage de 3 points (votre attaque est de 12, et la contre-attaque de 9).

Vous allez donc utiliser la colonne « Avantage : 3 ». Vous lancez le dé.

- Vous obtenez 4 : La rangée « 4 » indique « O ». Vous avez touché votre adversaire. Il perd 5 points de vie. Il lui en reste 6. Vous lancez le dé une autre fois.

- Vous obtenez 6 : La rangée « 6 » indique « X ». Le monstre vous a touché. Vous perdez 3 points de vie. Il vous en reste 17. Vous lancez le dé une troisième fois.

- Vous obtenez 1 : La rangée « 1 » indique « O + 1 ». Vous avez porté un coup dur ! Le monstre perd 5 + 1 points de vie. Il lui en reste 0. Alors, il est mort. Vous avez gagné !

Deuxième exemple : Vous affrontez un diable rouge. Votre adversaire a 14 points d'attaque et 18 points de vie. Il est muni de griffes qui causent 4 points de dégât. Vous avez 10 points d'attaque et 16 points de vie. Vous disposez d'une épée qui cause 5 points de dégât.

Vous êtes en désavantage de 4 points (votre attaque est de 10, et la contre-attaque de 14). Vous allez utiliser la colonne « Désavantage : 4 ». Vous lancez le dé.

- Vous obtenez 3 : La rangée « 3 » indique « X ». Votre ennemi vous a touché. Vous perdez 4 points de vie. Il vous en reste 12. Vous lancez le dé une autre fois.

- Vous obtenez 1 : La rangée « 1 » indique « O ». Vous avez touché le diable. Il perd 5 points de vie. Il lui en reste 13. Vous lancez le dé une troisième fois.

- Vous obtenez 6 : La rangée « 6 » indique « X + 1 ». Vous avez subi un coup dur ! Vous perdez 4 + 1 points de vie. Il vous en reste 7. Vous relancez le dé.

- Vous obtenez 4 : La rangée « 4 » indique « X ». Votre ennemi vous a touché. Vous perdez 4 points de vie. Il vous en reste 3. Ça tourne mal ! Vous aurez besoin de chance pour gagner ! Vous relancez le dé de nouveau.

❖ Vous obtenez encore 4 : La rangée « 4 » indique « X ». Votre ennemi vous a touché de nouveau. Vous perdez 4 autres points de vie. Malheureusement, le diable a été plus fort que vous. Vous êtes mort…

La quête

DÉJÀ six mois se sont écoulés depuis votre dernière quête. Le temps passe si vite. Il faut dire que vous êtes très occupé.

Vous vous entraînez toujours aussi énergiquement et vous progressez rapidement. Votre maître d'enseignement est très fier de vous.

Les exploits de votre dernière quête font déjà partie des histoires locales…

***

Vous êtes au salon royal, attendant le roi depuis près de 30 minutes. Vous avez été convoqué. Ce n'est pas dans les habitudes du roi de se faire attendre ainsi. Même votre amie Nieille est absente, elle qui se fait habituellement une joie de venir vous jaser en pareille situation. Il doit sûrement se passer quelque chose d'inhabituel…

Après 15 autres minutes d'attente, vous n'avez toujours pas de nouvelles du roi. Impatient, vous commencez à vous trémousser sur votre chaise.

Enfin ! Le roi arrive, accompagné de Nieille et de votre maître. Ce n'est pas un bon présage…

« Que se passe-t-il, cette fois ? » vous demandez-vous, un peu inquiet.

– Bonjour à vous ! commence le roi. Je suis navré pour le retard, mais nous avons dû convoquer le comité de guerre. Cette fois-ci, c'est très sérieux. Nous avons une situation d'urgence. Les ogres arrivent en force par le sud. Ils sont accompagnés de créatures cadavériques que même nos mages ne peuvent identifier ! Tout porte à croire qu'ils viennent nous attaquer. Nos troupes sont toutes en alerte et nous avons envoyé une première patrouille pour les ralentir.

– Comment puis-je vous aider, mon roi ? lui demandez-vous gentiment. Voulez-vous que je me joigne à la patrouille ?

– Peut-être plus tard, répond le roi, mais, pour l'instant, nous avons une autre mission pour vous. Des rumeurs ont été rapportées par les pêcheurs du nord. Il semblerait que sur l'île du Dédale règne une agitation anormale. Nous croyons qu'il pourrait y avoir un lien avec la guerre qui sévit présentement. Je vous demande donc d'aller voir ce qui se passe là-bas et de vérifier le bien-fondé de toutes ces rumeurs.

– Je t'ai fait préparer le nécessaire, intervient Nieille en vous présentant un gros sac. Je te donne cette petite bague. Elle te permettra de respirer sous l'eau. Comme tu as un long voyage à faire en bateau, il vaut mieux prévenir les éventualités.

Votre maître prend la parole.

– Je vous ai trouvé une carte, vous annonce-t-il en vous tendant le document. Elle date un peu, mais elle devrait vous aider pour votre voyage.

Concernant la bague, vous pouvez soit l'accepter et l'insérer dans votre inventaire, soit la refuser et suggérer à Nieille de la garder pour elle car elle devrait lui servir davantage.

– J'espère que vous avez le pied marin, dit le roi en souriant légèrement.

C'est la première fois que vous voyez sourire le roi et vous vous demandez pourquoi il se comporte ainsi. Quoi qu'il en soit, vous lui rendez son sourire....

– C'est avec joie que j'accepte cette quête, lui dites-vous, très honoré.

Le roi vous répond par un signe de tête et se tourne pour prendre la sortie.

Soudainement, Nieille l'interpelle.

– Les champignons, mon roi ! s'exclame-t-elle.

– Ah oui, les champignons, rétorque le roi. J'allais oublier.

Le souverain se tourne vers vous.

– Le druide Haro vous demande de lui ramener des Chomum, commence-t-il. Il s'agit de petits champignons bleutés qui poussent seulement dans ces lieux. Le druide dit que vous ne pouvez pas les manquer. Donc, essayez d'en trouver. Haro vous en serait très reconnaissant. Il ne me reste plus qu'à vous souhaiter bon voyage. Que le dieu Arta soit avec vous !

Sur ces mots, le roi et votre maître sortent à pas rapides du salon royal. Nieille prend le soin de vous accompagner et vous souhaite une bonne aventure.

***

Vous partez aussitôt vers le nord.

En chemin, vous examinez l'étrange carte que vous a remise votre maître.

« En fait, elle ressemble à un labyrinthe, vous dites-vous, un énorme labyrinthe ! »

Votre quête principale

Votre quête principale consiste à aller visiter l'île du Dédale et à vérifier le bien-fondé des rumeurs qui courent.

Votre quête secondaire

Votre quête secondaire consiste à ramener au druide Haro des champignons bleutés appelés « Chomum ».

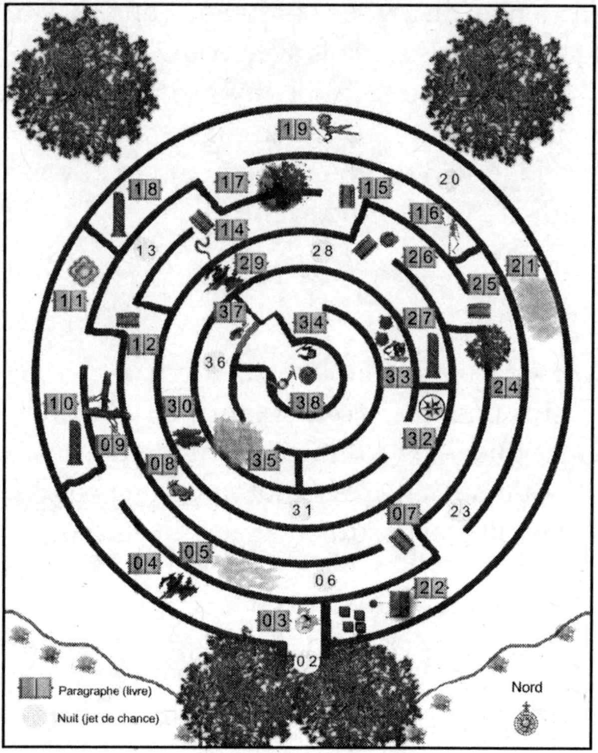
19
20
17
15
18
16
14
13
28
29
26
21
11
25
37
34
27
12
36
33
24
10
30
38
32
09
08
35
31
07
23
05
04
06
22
03
02
Paragraphe (livre)
Nuit (jet de chance)
Nord

À vous de jouer !

Après quelques jours de marche en direction du nord, vous arrivez enfin à la traverse. Quatre bateaux sont accostés. Confiant, vous vous dirigez vers celui qui semble le plus gros.

– Bonjour, capitaine ! dites-vous.

– Bonjour ! s'exclame le capitaine. Vous avez besoin de traverser ?

– J'aimerais aller à l'île du Dédale, lui répondez-vous.

– Désolé, s'excuse le capitaine, je ne vais pas dans ces lieux.

– Je suis envoyé par le roi et je suis prêt à vous payer, lui expliquez-vous.

– Désolé, répète le capitaine. D'ailleurs, vous ne trouverez personne qui veuille aller dans ces parages.

– Pourquoi donc ? ne pouvez-vous vous empêcher de demander.

– Il se passe des choses bizarres dans ce coin-là, explique le capitaine. Plusieurs bateaux ont disparu dans les eaux.

– Des choses ? vous étonnez-vous.

– Oui, des choses, répète le capitaine sans rien ajouter.

– Mais je dois absolument me rendre sur cette île ! vous exclamez-vous d'un ton convaincant.

– Il vous reste toujours Seter, dit le capitaine en vous désignant au loin un vieil homme. Allez lui demander. Peut-être acceptera-t-il de vous y conduire. Je sais qu'il aime bien l'argent.

Vous vous dirigez donc vers le vieil homme. Accosté près de lui, il y a un très vieux bateau.

– Bonjour, capitaine ! lui dites-vous en sortant votre petit sac de pièces d'or. Je suis envoyé par le roi et j'aimerais aller sur une île appelée « île du Dédale ».

– Sortez-moi une pièce d'or ! vous propose le vieil homme, et je vous conduirai où vous voulez.

Vous lui donnez une pièce d'or sans essayer de négocier de peur qu'il ne change d'idée.

– Très bien ! reprend Seter en montrant le vieux bateau. Prenez place dans mon embarcation !

– Quoi ! C'est ce bateau ! vous exclamez-vous. On ne devrait pas appeler ça un bateau !

– Il est vrai que cette chaloupe est très vieille, avoue le capitaine. Je dois dire qu'il manque des pièces à certains endroits, mais...

– Vous êtes certain que ce rafiot va nous emmener jusqu'à notre île ? l'interrompez-vous d'une voix forte.

– Ce bateau a parcouru toutes les mers ! réplique le vieil homme, un peu offusqué. Et ce n'est pas aujourd'hui qu'il va arrêter !

Après réflexion, vous vous dites que vous n'avez malheureusement pas le choix. Et vous embarquez, pas très rassuré, dans cette vieille chose qui craque sous vos pas.

Chaque fois que vous prenez une vague, de l'eau pénètre dans le bateau. Jamais auparavant vous n'avez eu le mal de mer à ce point ! Lancez un « jet d'habileté ».

- ❖ Si vous réussissez, vous serez un peu étourdi mais vous survivrez à cette balade en mer.

- ❖ Si vous ne réussissez pas, vous aurez terriblement mal au cœur et vous vomirez tout le long du voyage. Vous perdrez 1 point de vie car vous serez malade.

Malgré tout, vous réussissez à accoster à destination.

N'oubliez pas que, chaque fois que vous aurez à traverser, vous devrez :

- ❖ débourser 1 pièce d'or pour aller et 1 pièce d'or pour revenir ;

- ❖ faire un « jet d'habileté » pour aller et un autre pour revenir afin de connaître votre état de santé.

Maintenant, **allez au 1**.

1

Vous arrivez sur la berge de l'île. Selon votre carte, l'accès du labyrinthe serait camouflé par deux immenses arbres.

Vous scrutez l'horizon avec soin. Malgré la densité de la forêt, vous apercevez rapidement au loin deux immenses conifères se démarquant considérablement par leur grandeur. Vous partez donc sans perdre de temps dans leur direction.

Une fois que vous avez atteint ces deux gros sapins, vous vous retrouvez à un endroit où le feuillage est si épais qu'il semble impossible à traverser. En son centre se dessine un petit chemin, très soigneusement entretenu, entre deux murets de feuilles particulièrement serrés. C'est la seule voie praticable.

Vous êtes maintenant convaincu d'être devant ce que vous pourriez appeler l'entrée du labyrinthe. **Allez au 2.**

2

Vous êtes à l'entrée du labyrinthe. La nuit a déjà annoncé sa venue et vous commencez à ressentir une certaine fatigue. Vous vous dites que vous feriez mieux de dresser votre campement ici afin d'y passer la nuit. Lancez un « jet de chance ».

- Si vous réussissez, la nuit se déroulera sans aucun problème et vous serez reposé à votre lever. Si vous êtes déjà passé par ici et que vous avez perdu des points de vie, vous récupérerez 2 points de vie.

- Si vous ne réussissez pas, vous entendrez un bruit dans le courant de la nuit. À peine aurez-vous le temps d'ouvrir un œil que vous serez attaqué ! Vous devrez alors lancer un dé selon la règle des monstres aléatoires et combattre la créature.

Vous pouvez continuer votre exploration en choisissant une nouvelle destination sur votre carte.

3

Vous arrivez à une bifurcation du labyrinthe.

Si vous être déjà venu à cet endroit, **allez au 58**. Sinon, lisez la suite du texte.

Devant vous, appuyée sur l'un des murets, se tient une étrange statue dorée. « Qu'est-ce qu'une statue peut bien faire ici ? » vous demandez-vous.

Vous n'arrivez pas à déterminer ce que représente la statue. Ses traits ne sont pas très bien définis et son état est délabré. « C'est probablement en raison de son vieil âge », songez-vous.

En l'examinant minutieusement, vous remarquez que son socle est bordé de petites pierres jaunes qui, à votre avis, pourraient avoir une certaine valeur.

Si vous voulez essayer d'enlever ces petites pierres de la statue, **allez au 56**. Si vous préférez, vous pouvez continuer votre exploration en choisissant une nouvelle destination sur votre carte.

4

Vous avancez d'un pas alerte et silencieux. « Le silence en ces lieux est remarquable », vous dites-vous. Même le bruit de vos pas est atténué par diverses plantes qui recouvrent le sol.

Vous arrivez devant un gigantesque trou au milieu du sentier. La cavité doit bien faire trois mètres de longueur.

Si vous être déjà venu à cet endroit, **allez au 50**. Sinon, lisez la suite du texte.

Le trou est d'une telle largeur qu'il est impossible à contourner et, en raison de sa longueur, envisager le saut est risqué. Vous vous en approchez délicatement. Vous posez un genou au sol et vous regardez tout au fond. Le trou a une profondeur d'environ trois mètres et des petites branches pointues ont été soigneusement placées afin de décourager toute personne voulant s'y aventurer.

Après avoir analysé toutes vos options, vous arrivez à la conclusion que, finalement, il n'en existe qu'une seule : essayer le saut. Vous reculez pour prendre un grand élan et, à toute vitesse, vous vous lancez au-dessus du trou telle une antilope. Lancez un « jet d'habileté ».

- Si vous réussissez, vous parviendrez de peine et de misère à traverser le grand trou.

- Si vous ne réussissez pas, vous sauterez de l'autre côté et arriverez les pieds sur le bord du trou. Par contre, au moment même où vous penserez avoir réussi, vous perdrez l'équilibre et tomberez dans le trou. Votre pied droit arrivera directement sur une petite branche pointue. Ouille ! vous serez blessé. Malgré cela, vous réussirez à escalader le mur du trou pour finalement le traverser. Vous devrez vous enlever 2 points de vie.

Vous pouvez continuer votre exploration en choisissant une nouvelle destination sur votre carte.

5

Vous avancez dans le labyrinthe à petits pas. Tout ce que vous entendez, c'est le bruit que fait le vent en se frottant au feuillage épais des parois du sentier. Vous vous dites que c'est un endroit étrange car, malgré tout ce feuillage, il ne semble pas y avoir d'oiseaux.

Soudainement, vous apercevez à environ deux mètres de vous un étrange nuage blanc, d'une densité telle qu'il vous est impossible de voir de l'autre côté.

Si vous désirez traverser tout simplement le nuage, **allez au 57**. Si vous préférez traverser en prenant soin de vous boucher le nez, **allez au 66**. Si toutefois vous voulez le traverser en prenant soin de vous fermer les yeux, **allez au 64**. Vous pouvez aussi rebrousser chemin et continuer à explorer en choisissant une nouvelle destination sur votre carte.

6

Vous continuez votre route, mais la nuit commence à tomber et vous décidez de camper ici. L'endroit semble sécuritaire. Lancez un «jet de chance».

- Si vous réussissez, la nuit se déroulera sans aucun problème et vous récupérerez 2 points de vie.

- Si vous ne réussissez pas, vous serez attaqué au milieu de la nuit. Vous aurez à lancer un dé selon la règle des monstres aléatoires et à combattre votre adversaire.

Si vous survivez à la nuit, vous pourrez continuer votre exploration au matin. Vous n'aurez qu'à choisir une nouvelle destination sur votre carte.

7

Vous arrivez devant un petit quai.

Si vous êtes déjà venu à cet endroit et que vous possédez une bague « respiration », vous pourrez continuer votre exploration en choisissant une nouvelle destination sur votre carte. Sinon, lisez la suite du texte.

« Que se passe-t-il ici ? » vous demandez-vous. La flore semble s'arrêter ici et laisser place à un cours d'eau.

Vous vous approchez du quai pour examiner les lieux. Le quai est fabriqué de bois rond et l'une de ses extrémités disparaît sous l'eau, comme s'il servait d'embarcadère. À l'aide de votre arme, vous essayez de tâter le fond du cours d'eau, mais en vain; c'est beaucoup trop profond. À votre gauche comme à votre droite, l'étendue d'eau est à perte de vue. Vous ne pensez pas être capable de nager une telle distance.

Comme ce cours d'eau semble être l'unique solution, vous vous dites que votre seule chance de pouvoir le franchir serait d'avoir une bague « respiration » pour vous déplacer sous l'eau.

Si vous en possédez une, vous pourrez continuer votre exploration en choisissant une nouvelle destination sur votre carte. Sinon, vous devrez vous en procurer une à la boutique de la ville. N'oubliez pas de donner 2 pièces d'or au capitaine pour le voyage aller-retour et de faire 2 « jets d'habileté » pour vérifier si vous aurez mal au cœur.

8

Vous nagez en suivant le cours d'eau. Malgré que l'eau ne soit pas très glaciale, vous préférez rester au centre et profiter du passage d'un petit courant d'air chaud. Vous n'avez pas encore l'aisance du poisson, mais vous semblez très confortable. Qui aurait dit qu'un jour vous joueriez ainsi à la truite?

Soudainement, vous apercevez une énorme créature orangée qui se dirige dans votre direction. Elle possède d'énormes pinces et un corps écailleux.

Cette chose ressemble à un crabe, mais en 50 fois plus gros.

À première vue, le crabe géant ne semble pas encore vous avoir aperçu. Il nage à la surface de l'eau. Vous vous dites que vous pourriez peut-être l'éviter en longeant le fond.

Si vous désirez essayer de longer le fond et de passer sous la créature, **allez au 63**. Si vous préférez attaquer le crabe, **allez au 67**. Si vous aimez mieux, vous pouvez simplement rebrousser chemin et continuer à explorer en choisissant une nouvelle destination sur votre carte.

9

Soudainement, vous êtes face à un obstacle. Sur la route, un immense arbre, probablement abattu par la foudre, bloque le passage. Vous essayez de le déplacer en le poussant de toutes vos forces, mais en vain. Cet arbre est beaucoup trop gros.

Si vous désirez tenter de fracasser l'arbre en utilisant vos armes, **allez au 71**. Si vous préférez, vous pouvez retourner sur vos pas et choisir une autre région à explorer.

10

Vous arrivez devant une étrange pierre bleue qui ressemble à une immense topaze bleutée. Sa texture est lisse et légèrement marbrée. Vous vous questionnez à savoir si ces motifs sont réels ou s'il s'agit d'une simple hallucination.

Si vous désirez déposer la main sur la pierre, **allez au 59**. Si vous préférez rebrousser chemin et continuer à explorer, choisissez une nouvelle destination sur votre carte.

11

Comme l'indiquait la carte, vous arrivez en face d'une grande fontaine. Vous vous en approchez de quelques pas et vous êtes agréablement surpris par sa beauté. Elle est faite de marbre et son architecture est remarquable. Son eau est si cristalline que vous éprouvez subitement le désir de vous désaltérer.

Si vous voulez boire l'eau de la fontaine, **allez au 85**. Si vous préférez continuer votre route, consultez votre carte et choisissez une nouvelle destination.

12

Vous arrivez devant un petit quai.

Si vous êtes déjà venu à cet endroit, vous pouvez continuer votre exploration en choisissant une nouvelle destination sur votre carte.

« Voilà la sortie ! » lancez-vous d'un air soulagé. Vous vous agrippez au petit quai et, d'un élan assuré, vous vous hissez hors de l'eau.

Le sourire aux lèvres, vous profitez du bien-être de vous retrouver les pieds au sol.

Vous vérifiez votre inventaire pour vous assurer de ne rien avoir perdu en chemin.

Vous vous asséchez un peu et vous repartez le long du sentier.

Continuez à explorer en choisissant une nouvelle destination sur votre carte.

13

Vous avez déjà marché quelques heures depuis que vous êtes sorti de l'eau. Vos vêtements ne sont pas encore totalement secs, ce qui vous oblige à porter une charge additionnelle. Malgré qu'il reste encore quelques heures avant la tombée de la nuit, vous décidez de monter votre campement ici afin de vous reposer. Lancez un « jet de chance ».

- ❖ Si vous réussissez, la nuit se déroulera sans aucun problème et vous récupérerez 2 points de vie.

- ❖ Si vous ne réussissez pas, vous serez attaqué au milieu de la nuit. Vous aurez à lancer un dé selon la règle des monstres aléatoires et à combattre votre adversaire.

14

Vous arrivez de nouveau devant un petit quai servant de lien entre le sentier et le cours d'eau.

Si vous êtes déjà venu à cet endroit, vous pouvez continuer votre exploration en choisissant une nouvelle destination sur votre carte. Sinon, lisez la suite du texte.

Vous avancez sur le quai en vous préparant à effectuer les manœuvres pour embarquer dans l'eau. Soudainement, vous apercevez au pied du quai une ombre gigantesque qui tourne sur elle-même comme si elle attendait votre venue. Vous reculez rapidement, de peur qu'elle ne vous atteigne.

Vous vous penchez légèrement et examinez quelques moments la créature, qui a l'apparence d'un grand serpent. « Cette chose doit faire au moins 4 mètres de long », songez-vous.

Tout à coup, splash ! Vous tombez à l'eau tête première. Vous avez été poussé…

Vous jetez rapidement un coup d'œil sur le quai afin de voir le malotru qui vous a bousculé. Cependant, avant même d'avoir eu le temps d'apercevoir quelque chose, vous sentez deux énormes crocs vous mordre à la jambe. Le serpent vous attaque.

le combat contre le serpent d'eau

Caractéristiques	
Attaque	**Vie**
8	**7**
Or	

Nom	**Dégât**
Crocs	**4**

Si vous avez survécu, vous reprenez votre souffle et examinez les lieux mais vous ne voyez aucune trace de celui qui serait à l'origine de cette mésaventure.

Vous décidez donc de continuer votre route. Choisissez une nouvelle destination sur votre carte.

15

Vous arrivez devant un petit quai.

Si vous êtes déjà venu à cet endroit, continuez votre exploration en choisissant une nouvelle destination sur votre carte. Sinon, lisez la suite du texte.

À première vue, ce quai vous semble sensiblement identique à ceux que vous avez déjà vus. Or, une fois debout sur le quai, vous constatez que le son de vos pas sur les planches est très différent. Lancez un « jet d'habileté ».

- Si vous réussissez, **allez au 69**.
- Si vous ne réussissez pas, vous vous direz que le craquement est sûrement dû au vieil âge du bois et que c'est tout à fait normal. Vous n'aurez qu'à continuer votre exploration en choisissant une nouvelle destination sur votre carte.

16

Cet embranchement ne semble vous mener nulle part. Effectivement, vous arrivez finalement devant un mur et devez retourner sur vos pas.

Si vous êtes déjà passé par ici, continuez votre exploration en choisissant une nouvelle destination sur votre carte. Sinon, lisez la suite. Lancez un « jet de chance ».

- ❖ Si vous réussissez, **allez au 73**.
- ❖ Si vous ne réussissez pas, continuez votre exploration en choisissant une nouvelle destination sur votre carte.

17

Vous arrivez devant un gros arbre au feuillage rouge.

Si vous êtes déjà passé par ici, **allez au 72.**

Vous vous arrêtez quelques instants et vous examinez ce feuillu. À part sa coloration rouge vin, il semble tout à fait normal. Vous ne vous y connaissez pas beaucoup en arbres, mais vous vous dites qu'il doit s'agir d'un pommier.

Vous êtes en train d'examiner quelques pommettes tombées au sol quand, soudain, *pouf*! – une grosse pomme vous tombe sur la tête. Vous levez aussitôt le regard vers le ciel, mais vous ne voyez rien d'anormal. « C'est une coïncidence », songez-vous. À peine avez-vous le temps de baisser la tête que *pouf* ! – une autre pomme vous tombe sur le crâne. Cette fois-ci, vous avez vu bouger quelque chose.

Soudain, vous entendez un petit cri et, entre les branches, vous apercevez un minuscule visage poilu. C'est un beau petit singe !

L'animal vous regarde quelques instants et descend craintivement le long du tronc de l'arbre. Tout en étant mignon, il possède un petit air espiègle. Vous ne savez guère pourquoi, mais ce petit singe vous paraît très attachant. Il vous tend la main comme s'il attendait quelque chose de vous.

Si vous désirez fouiller dans vos provisions et lui offrir quelque chose de légèrement sucré, **allez au 61**. Si vous vous dites que vous n'avez pas de temps à perdre avec un singe, consultez votre carte et choisissez une autre région à explorer.

18

Devant vous se dresse une immense pierre bleue dont la texture est lisse et marbrée.

Si vous désirez poser la main sur la pierre, **allez au 70**. Si vous préférez rebrousser chemin et continuer à explorer, choisissez une nouvelle destination sur votre carte.

19

Après quelques heures de marche, vous arrivez devant ce qui reste d'un vieux campement.

Si vous êtes déjà passé par ici, continuez votre exploration en choisissant une nouvelle destination sur votre carte.

Au centre des débris, vous apercevez des cendres qui, selon vous, seraient les résidus d'un petit feu éteint depuis fort longtemps. Allongée au sol se trouve une créature ressemblant étrangement à un ogre. Le cadavre est à un stade de décomposition tellement avancé qu'il vous est difficile d'émettre une hypothèse sur la cause de la mort. Or, d'après l'état du crâne, la créature aurait été frappée derrière la tête.

Vous vous approchez afin de fouiller l'ogre. Vous trouvez sur lui 5 pièces d'or ainsi qu'un parchemin. Vous vous dites que celui qui a fait cela n'en voulait sûrement pas au butin de cette créature !

Sur le parchemin, il est écrit « Assurez-vous que personne n'entre dans ce labyrinthe et, surtout, qu'on ne découvre pas les pierres bleues et notre fontaine de Jouvence. » Et c'est signé « Deltamo ».

« Encore ce Deltamo ! » songez-vous.

Au moins, vous avez maintenant la certitude d'être sur la bonne voie !

Maintenant, continuez votre exploration en choisissant une nouvelle destination sur votre carte.

20

Vous marchez depuis quelques heures. Vous êtes impressionné par l'envergure de ce labyrinthe. Vous vous demandez pourquoi personne ne s'est jamais posé de questions sur l'existence de ce dédale. Il est évident que seule la magie peut être en cause.

Pendant que vous philosophez, le temps passe et la nuit commence à tomber. Vous êtes fatigué et vous décidez de passer la nuit ici. Lancez un « jet de chance ».

- Si vous réussissez, la nuit se déroulera sans aucun problème et vous récupérerez 2 points de vie.

- Si vous ne réussissez pas, vous serez attaqué au milieu de la nuit. Vous aurez à lancer un dé selon la règle des monstres aléatoires et à combattre votre adversaire.

21

Vous avancez dans le labyrinthe quand vous apercevez soudainement, à environ 2 mètres de vous, un étrange nuage blanc. Sa densité est telle qu'il vous est impossible de voir de l'autre côté.

Si vous décidez de simplement traverser le nuage, **allez au 57**. Si vous préférez le traverser en prenant soin de vous boucher le nez, **allez au 66**. Si vous aimez mieux le traverser en prenant soin de vous fermer les yeux, **allez au 64**. Si vous aimez mieux rebrousser chemin et continuer à explorer, choisissez une nouvelle destination sur votre carte.

22

Au centre du sentier se dresse une petite tente brune tachetée de saleté. Derrière la tente, vous pouvez apercevoir quelques vieilles caisses de bois.

Si vous êtes déjà venu ici, **allez au 46**. Sinon, lisez la suite du texte.

La tente semble servir d'habitation. « Mais qui peut bien être le propriétaire des lieux ? » vous demandez-vous. Vous décidez d'être prudent.

Vous pouvez soit **aller au 77** pour visiter la **tente**, soit **aller au 62** pour voir les caisses. Si vous préférez, vous pouvez rebrousser chemin et continuer à explorer en choisissant une nouvelle destination sur votre carte.

23

La nuit arrive à grands pas et vous ressentez beaucoup de fatigue. Vous préférez camper ici pour reprendre des forces. Lancez un « jet de chance ».

- Si vous réussissez, la nuit se déroulera sans aucun problème et vous récupérerez 2 points de vie.

- Si vous ne réussissez pas, au milieu de la nuit, vous serez réveillé en sursaut par une créature qui vous attaquera. Vous aurez à lancer un dé selon la règle des monstres aléatoires et à combattre votre adversaire.

24

Vous arrivez devant un gros feuillu qui ne vous laisse qu'un espace limité pour traverser.

Si vous êtes déjà venu ici, contournez le gros arbre, choisissez une nouvelle destination sur votre carte et continuez votre route. Sinon, lisez la suite du texte.

En contournant l'arbre, vous apercevez sur le tronc quelques champignons de diverses couleurs.

Vous pensez aussitôt aux « Chomum », les petits champignons que vous devez

ramener. Vous examinez les champignons sur l'arbre et vous remarquez que, effectivement, certains sont bleutés. Vous en déposez donc quelques-uns dans votre sac.

Au moment où vous êtes en pleine cueillette, vous êtes attaqué par une créature mi-homme, mi-poisson surgie de nulle part. Elle est d'un bleu vif et possède le corps d'un homme mais la tête d'un énorme poisson. Cette créature est vraiment repoussante !

Allez au 106 pour la combattre. Si vous survivez, vous pourrez continuer votre route en choisissant une autre destination sur votre carte.

25

Vous arrivez bientôt devant un petit quai en rondins.

Si vous êtes déjà passé par ici, continuez votre route en choisissant une nouvelle destination sur votre carte. Sinon, lisez la suite du texte.

Le quai est tout à fait normal, mais, ce qui vous inquiète, c'est la couleur de l'eau. Cette teinte verdâtre ne vous rassure pas beaucoup. Vous vous dites que vous avez une bague pour respirer sous l'eau, mais qu'elle ne vous protège pas contre le poison.

Comme vous n'avez pas d'alternative, vous descendez dans cette eau sale.

Continuez votre route en choisissant une autre destination sur votre carte.

26

Vous apercevez un autre petit quai.

Si vous êtes déjà passé par ici, continuez votre route en choisissant une nouvelle destination sur votre carte. Sinon, lisez la suite du texte.

Cependant, avant que vous n'ayez pu atteindre le quai, un énorme crapaud hideux surgit de cette eau dégoûtante et se dresse entre vous et le quai. On dirait bien qu'il ne veut pas vous laisser passer.

Si vous désirez essayer de le contourner, **allez au 87**. Si vous préférez l'attaquer, **allez au 79**. Si vous choisissez de lui donner quelques provisions pour l'occuper, **allez au 53**. Si vous aimez mieux rebrousser chemin et continuer à explorer, choisissez une nouvelle destination sur votre carte.

27

Devant vous se dresse une immense pierre bleue, à la texture lisse et marbrée.

Si vous désirez poser la main sur la pierre, **allez au 65**. Si vous préférez rebrousser chemin et continuer à explorer, choisissez une nouvelle destination sur votre carte.

28

Le jour va bientôt laisser place à la nuit. Vous vous dites qu'une nuit de repos serait la bienvenue. Lancez un « jet de chance ».

- Si vous réussissez, la nuit se déroulera sans aucun problème et vous récupérerez 2 points de vie.

❖ Si vous ne réussissez pas, au milieu de la nuit, vous serez réveillé en sursaut par une créature qui vous attaquera. Vous aurez à lancer un dé selon la règle des monstres aléatoires et à combattre votre adversaire.

29

Vous arrivez devant un autre trou gigantesque au milieu du sentier.

Bien sûr, vous ne pouvez pas le contourner et, comme c'était le cas pour le trou précédent, des branches pointues ont été placées tout au fond.

Si vous désirez essayer de sauter par-dessus, **allez au 49**. Si vous préférez rebrousser chemin et continuer à explorer, choisissez une nouvelle destination sur votre carte.

30

Si vous êtes déjà venu ici, vous savez qu'il n'y a plus rien d'intéressant et vous continuez votre route en choisissant une nouvelle destination sur votre carte. Sinon, lisez la suite du texte.

Vous remarquez que la route a été barrée avec des petits arbustes. Vous vous dites que vous avez simplement à déplacer ces derniers. Lancez un « jet d'habileté ».

- Si vous réussissez, **allez au 80**.
- Si vous ne réussissez pas, **allez au 55**.

31

Vous savez qu'il n'est pas prudent de vous promener la nuit. Étant donné que le crépuscule est venu, vous décidez de vous préparer à passer la nuit ici. Lancez un « jet de chance ».

- Si vous réussissez, la nuit se déroulera sans aucun problème et vous récupérerez 2 points de vie.
- Si vous ne réussissez pas, au milieu de la nuit, vous serez réveillé en sursaut par une créature qui vous attaquera. Vous aurez à lancer un dé selon la règle des monstres aléatoires et à combattre votre adversaire.

32

Tout au fond de cet embranchement, un étrange cercle est dessiné au sol sur une plaque de marbre.

Si vous désirez aller voir le cercle de plus près en marchant sur le marbre, **allez au 83**. Si vous préférez, vous pouvez continuer votre chemin en choisissant une nouvelle destination sur votre carte.

33

Si vous avez déjà emprunté ce chemin, **allez au 44** sans tarder.

Quelques kilomètres plus loin, vous arrivez devant un barrage. Au milieu du sentier, un ogre énorme se tient debout, immobile. Vous vous dites qu'il doit être là pour garder la route. D'après vous, il n'a pas reçu l'ordre de vous attaquer, sinon il y a longtemps qu'il l'aurait fait.

Vous vous approchez doucement de l'ogre en vous tenant sur vos gardes. Lorsque vous êtes à quelques pas de lui, il se met à crier haut et fort.

– Quel est le mot de passe ? demande-t-il d'une voix saccadée.

Vous ne connaissez malheureusement pas le foutu mot de passe. Que faites-vous ?

Si vous décidez d'attaquer l'ogre, **allez au 103**. Si vous préférez lui offrir 5 pièces d'or pour qu'il vous laisse traverser, **allez au 43**. Si vous aimez mieux lancer quelques mots au hasard, **allez au 81**.

34

Si vous avez déjà emprunté ce chemin, vous savez qu'il y a rien d'anormal dans cette zone. Consultez votre carte et continuez votre route.

Ici, la flore change. Les fleurs qui recouvrent le sol sont beaucoup plus nombreuses, et leur couleur plus verdâtre.

Si le nom Pom Pom vous dit quelque chose, **allez au 42**. Sinon, consultez votre carte et continuez votre chemin.

35

Vous avancez dans le labyrinthe quand vous apercevez soudainement, à environ deux mètres de vous, un étrange nuage de fumée. Contrairement à ceux que vous avez vus, celui-ci est verdâtre. Sa densité est telle qu'il vous est impossible de voir de l'autre côté.

Si vous décidez de tout simplement traverser le nuage, **allez au 76**. Si vous préférez le traverser en prenant soin de vous boucher le nez, **allez au 82**. Si vous aimez mieux le traverser en prenant soin de vous fermer les yeux, **allez au 40**. Vous pouvez aussi rebrousser chemin et continuer à explorer en choisissant une nouvelle destination sur votre carte.

36

Vous êtes vraiment fatigué et vous ressentez le besoin de vous reposer. Vous vous dites d'ailleurs que la nuit ne tardera pas. Vous décidez de camper ici. Lancez un « jet de chance ».

- Si vous réussissez, la nuit se déroulera sans aucun problème et vous serez reposé à votre lever. Vous récupérerez 2 points de vie.

- Si vous ne réussissez pas, vous entendrez un bruit dans le courant de la nuit. À peine aurez-vous eu le temps d'ouvrir un œil que vous serez attaqué ! Vous aurez à lancer un dé selon la règle des monstres aléatoires et à combattre la créature.

37

Si vous êtes déjà passé par ici, **allez au 41** sans tarder. Sinon, lisez la suite du texte.

Selon votre carte, vous arriverez bientôt à la salle centrale. C'est sûrement dans cette pièce que vous allez comprendre ce qui se passe ici, songez-vous.

Vous franchissez encore quelques kilomètres et, effectivement, vous apercevez au loin une gigantesque porte dorée. Vous n'êtes pas surpris de constater que la porte est gardée par une horrible créature.

Vous avancez encore un peu tout en restant hors de vue de la créature. Vous vous camouflez avec des feuilles et observez cette chose quelques moments.

La créature circule d'un pas rapide d'un côté à l'autre du sentier, s'assurant ainsi de contrôler les lieux. Elle fait penser à un gros squelette armé d'une énorme épée bleue !

Vous restez dans cette position un long moment, attendant que quelque chose se passe, mais en vain. Après une heure, vous arrivez à la conclusion que vous n'avez pas d'autre choix que d'attaquer cette créature si vous voulez parvenir au centre du labyrinthe.

Vous longez le plus possible les parois du sentier en essayant de rester camouflé afin de bénéficier de l'effet de surprise. Malheureusement, avant même que vous n'arriviez à sa hauteur, la créature vous aperçoit et vous fonce dessus.

Si vous survivez, vous trouverez sur le squelette 6 pièces d'or, 2 potions de vie moyennes et 1 épée magique topaze.

Vous êtes maintenant devant cette énorme porte dorée. Vous espérez que le bruit du combat n'a pas prévenu les occupants des lieux. Vous aimeriez aller vous reposer quelques instants, mais vous ne pouvez pas prendre le risque que quelqu'un découvre les restes de la créature. Vous prenez donc une grande inspiration et avancez vers la grande porte.

le combat contre le squelette

Caractéristiques	
Attaque	**Vie**
10	**13**
Or	
6	

Nom	Dégât
Épée magique topaze	**7**

Vous restez dans cette position un long Si vous décidez de cogner à la porte, **allez au 78**. Si vous préférez essayer de tourner la poignée délicatement, **allez au 60**. Si vous aimez mieux tenter de défoncer la porte et profiter de l'effet de surprise, **allez au 74**.

38

Si vous êtes déjà entré dans cette pièce, **allez au 39**. Sinon, lisez la suite du texte.

Cette pièce est petite, simple et remplie de petites fioles colorées et de gros béchers. Il est évident qu'elle sert de laboratoire.

Vous fouillez minutieusement l'endroit en vous assurant de détruire toute cette installation démoniaque. Vous trouvez ce qui suit : 1 potion de vie extrême, 2 potions pour respirer sous l'eau, 8 pièces d'or, ainsi que 1 bague de vie permettant au porteur d'augmenter sa vie de 1 point en permanence. Cependant, le plus important, ce sont ces gros parchemins. Vous regardez ce qui y est écrit et comprenez que c'est bien ce que vous cherchiez. Les intentions de Deltamo y sont présentées en détail, ainsi que quelques noms de ses disciples. Le roi va apprécier cette information, vous dites-vous.

Au moment de partir, vous songez soudainement à ce que Deltamo vous a dit avant de se sauver. Une grande colère vous envahit.

– Ce n'est que partie remise, vous avait-il crié d'une voix satanique. Nous nous reverrons bientôt, visqueuse limace !

Il est maintenant temps de retourner à la ville et de faire votre rapport au roi. Une fois que vous serez rendu en ville, **allez au 200**. Si vous désirez essayer d'appeler Pom Pom en cours de route, **allez au 88**. Si vous n'avez pas les champignons, vous pourrez aller à une autre destination indiquée sur la carte.

39

C'est la pièce où vous avez combattu les deux magiciens ! Que faites-vous encore ici ? Le roi attend votre rapport. Retournez vite à la ville ; vous avez une mission à accomplir !

40

Ce nuage ne vous semble pas normal et vous ne voulez pas courir de risques. Vous croyez que cette fumée pourrait être néfaste pour la vue. Donc, vous prenez soin de vous boucher les yeux et, en vous servant de votre arme pour vous guider, vous avancez doucement dans le nuage.

À peine êtes-vous entré dans le nuage que vous sentez une démangeaison à la gorge. La douleur est de plus en plus forte. Après quelques instants, elle devient insupportable et vous descend dans l'estomac. Vous avez de la difficulté à respirer et vous arrivez à peine à vous déplacer. Dans un ultime effort, vous vous lancez hors du nuage et vous vous écroulez au sol. Vous vomissez un bon moment et, après une heure, vous commencez à vous sentir mieux. Vous pourrez reprendre bientôt le chemin.

Vous avez traversé le nuage, mais vous avez subi de légères brûlures à l'estomac. Estimez-vous chanceux d'avoir survécu. Enlevez-vous 3 points de vie.

Vous pouvez continuer votre exploration en choisissant une nouvelle destination sur votre carte.

41

Les ossements éparpillés du garde gisent sur le sol ; c'est le résultat de votre combat.

La porte est ouverte, vous laissant libre d'entrer dans la salle du mage.

Veuillez sélectionner une nouvelle destination à l'aide de la carte.

42

Vous amorcez votre chemin quand soudain, derrière vous, apparaît votre ami Pom Pom avec deux petits objets brillants entre les pattes. Il grimpe sur votre épaule et dépose les objets dans votre main. Ce sont deux pièces d'or. Pom Pom lance un petit cri et repart aussitôt.

Décidément, ce petit singe est très rusé, songez-vous.

« J'aimerais bien savoir où il prend ces pièces », vous dites-vous en riant.

Veuillez sélectionnez une nouvelle destination à l'aide de votre carte.

43

L'ogre massif accepte les 5 pièces et s'écarte d'un pas vers la droite, dégageant ainsi la voie. Vous pouvez maintenant passer sans danger.

Choisissez une nouvelle destination sur votre carte.

44

La dernière fois que vous êtes venu ici, il y avait un ogre mais, à présent, la voie est libre.

Choisissez une nouvelle destination sur votre carte.

45

Vous continuez votre route vers le centre malgré vos étourdissements. Vous ressentez subitement une drôle de vibration à l'intérieur de vous-même. Votre corps se met à trembler, et vos membres à grelotter. Soudainement – *pouf !* – vous disparaissez en fumée et réapparaissez dans un autre endroit.

Après avoir repris votre souffle, vous constatez avec surprise que vous êtes revenu à l'entrée du labyrinthe !

Vous pouvez soit en profiter pour aller en ville, soit retourner dans le labyrinthe. **Allez au 3**.

46

Rapidement, vous constatez que l'endroit a été vidé. On dirait bien que quelqu'un ou quelque chose est passé depuis votre dernière visite en s'assurant de bien faire le ménage.

Continuez votre exploration en choisissant une nouvelle destination sur votre carte.

47

Après quelques heures, vous entendez des bruits légers. Vous essayez d'en déterminer la provenance, mais en vain. Le piège est trop serré. Tout à coup, un petit singe apparaît près de votre visage en poussant des cris aigus.

C'est Pom Pom ! Jamais vous n'auriez cru être si content de le voir.

Grâce à ses petites dents pointues, Pom Pom effiloche avec adresse le gros filet. Après quelques minutes, vous êtes libéré.

Pom Pom grimpe sur vous. En guise de remerciement, vous lui caressez délicatement la tête. Le petit singe se frotte à votre joue, lance un petit cri et, en sautillant par-ci par-là, disparaît le long du sentier.

Vous vous dites que celui qui a fabriqué ce piège est très ingénieux et qu'il serait préférable pour vous de ne pas traîner dans le coin.

Vous fouillez rapidement les caisses avant de repartir. Vous trouvez 5 pièces d'or, 1 sceptre magique de couleur rubis ainsi que 2 potions de vie moyennes.

Choisissez une autre destination sur la carte.

48

À peine êtes-vous entré dans la pièce que deux personnes vêtues de noir, gesticulant et vous visant de leurs baguettes, vous envoient une puissante décharge électrique. Vous perdez 10 points de vie. Cette terrible attaque vous projette sur le dos au sol. Manifestement, vous étiez attendu de pied ferme !

Vous vous relevez à grand-peine et apercevez devant vous deux grands magiciens humanoïdes. L'un est tout de noir vêtu ; l'autre est habillé d'une robe bleue bordée de rubis jaunes. Ce dernier vous regarde calmement et vous lance un rire sarcastique. Vous n'allez pas oublier son sourire cruel de sitôt.

Vous vous apprêtez à l'attaquer mais, au moment même où vous allez le toucher, il disparaît en fumée.

– Ce n'est que partie remise, vous crie-t-il d'une voix satanique. Nous nous reverrons bientôt, visqueuse limace !

le combat contre le magicien

Caractéristiques	
Attaque	**Vie**
10	16
Or	
6	

Nom	Dégât
Balle de feu	5

D'un geste rapide vous vous retournez vers le second magicien et vous l'attaquez.

Si vous survivez, vous trouverez sur le magicien 6 pièces d'or et 1 parchemin pour le sort « souffle de glace » (dégât : 7, 1 fois/jour). **Allez au 38**.

49

Après avoir analysé toutes vos options, vous arrivez finalement à la conclusion qu'il n'en existe qu'une seule : essayer le saut.

Vous reculez pour prendre un grand élan et, à toute vitesse, vous vous élancez au-dessus du trou telle une antilope. Lancez un « jet d'habileté ».

- Si vous réussissez, vous parviendrez à traverser le trou de peine et de misère.

- Si vous ne réussissez pas, vous sauterez directement dans le trou. Votre pied gauche arrivera directement sur une petite branche pointue. Ouille ! vous serez blessé. Malgré tout, vous réussirez à escalader la paroi du trou pour finalement traverser celui-ci. Vous devrez vous enlever 2 points de vie.

Vous pouvez continuer votre exploration en choisissant une nouvelle destination sur votre carte.

50

Vous savez que la seule façon de passer, c'est de sauter par-dessus.

Vous reculez pour prendre un grand élan et, à toute vitesse, vous vous lancez au-dessus du trou. Lancez un « jet d'habileté ».

- ❖ Si vous réussissez, vous parviendrez à traverser le trou de peine et de misère.

- ❖ Si vous ne réussissez pas, vous sauterez directement dans le trou, arrivant les deux pieds sur les épines. Ouille ! vous serez blessé. Malgré cela, vous réussirez à escalader la paroi du trou pour finalement traverser ce dernier. Vous devrez vous enlever 2 points de vie.

Vous pouvez continuer votre exploration en choisissant une nouvelle destination sur votre carte.

51

Au moment où vous alliez soulever la première branche, vous entendez des cris aigus derrière vous. Vous vous retournez et apercevez Pom Pom accourant à toute vitesse. Le petit singe fait deux grands sauts et, au passage, agrippe une petite branche avec sa queue.

Crash ! Aussitôt, un piège se déclenche. Sans l'intervention de votre ami, vous seriez présentement dans ce filet !

Vous avez le cœur serré et les mains moites. Vous l'avez échappé belle, songez-vous.

– Que je suis content de toi, Pom Pom ! criez-vous à votre ami en lui tendant un petit morceau de sucre.

Pom Pom grimpe sur vous. En guise de remerciement, vous lui caressez affectueusement la tête.

Le petit singe se frotte délicatement à votre joue, lance un petit cri et, en sautillant par-ci par-là, disparaît le long du sentier.

52

Soudain, vous entendez un claquement. Sans que vous n'ayez eu le temps de faire un geste, vous vous retrouvez emprisonné dans un piège. Le filet est énorme et sa fabrication est telle que vous ne pouvez même plus bouger pour tenter de vous libérer.

Si le nom de Pom Pom vous dit quelque chose, **allez au 47**. Sinon, **allez au 84**.

53

Vous vous dites que, si vous lui lancez une partie de vos vivres, vous pourrez ensuite passer pendant qu'il mange.

Vous lui lancez un peu de nourriture en faisant bien attention de viser un peu plus loin afin qu'il ait à se déplacer et qu'il dégage ainsi l'accès au quai. Votre plan est astucieux, mais portera-t-il ses fruits ?

Le crapaud mord à l'hameçon et se déplace pour aller chercher la nourriture.

Pendant ce temps, vous avancez rapidement vers le quai. Lancez un « jet d'habileté ».

- ❖ Si vous réussissez, vous pourrez choisir une autre destination sur votre carte et continuer votre route.

- ❖ Si vous ne réussissez pas, vous serez presque arrivé quand vous sentirez soudainement une grosse langue vous heurter la tête. **Allez au 79**.

54

Vous vous sentez pris de panique. Quelque chose n'est pas normal ! Vous essayez de vous jeter loin de ce foutu plancher avant qu'il ne soit trop tard. Lancez un « jet d'habileté ».

- ❖ Si vous réussissez, vous sauterez de toutes vos forces vers l'extérieur du plancher. Vous tomberez au sol et le plancher s'éteindra aussitôt. Vous serez un peu ébranlé mais rassuré d'être en sécurité. Vous pourrez choisir une autre destination à l'aide de votre carte.

❖ Si vous ne réussissez pas, **allez au 45**.

55

Si le nom de Pom Pom vous dit quelque chose, **allez au 51**. Sinon, continuez votre lecture.

Vous soulevez la première branche quand vous entendez soudainement un claquement. Sans que vous n'ayez eu le temps de faire un geste, vous vous retrouvez emprisonné dans un piège géant. Le filet est énorme et sa fabrication est telle qu'il vous est tout à fait impossible de bouger. **Allez au 84**.

56

Vous regardez de nouveau ces pierres en vous disant qu'elles ressemblent beaucoup à des topazes jaunes. Vous sortez de votre sac un petit couteau et, avec la pointe, vous essayez de retirer les pierres de leur emplacement.

Soudain – slash ! crash ! – des craquements proviennent de la statue. L'effigie prend vie et, avec une force extraordinaire, elle s'arrache de son socle. Elle vous attaque !

le combat contre la statue

Caractéristiques	
Attaque	Vie
8	12

Or
– 2 topazes valant 6 pièces d'or

Nom	Dégât
Poings de pierre	5

Après que vous avez réduit les points de vie de la statue à zéro, celle-ci se retourne brusquement, enjambe son socle et reprend sa posture initiale.

Malheureusement, vous n'avez pas eu le temps de décoller les pierres.

Si vous survivez, vous pourrez soit essayer à nouveau d'enlever les pierres (**allez au 68**), soit choisir une nouvelle destination sur votre carte.

57

Vous vous dites que vous n'avez pas à vous alarmer pour un petit nuage.

À peine entré dans le nuage, vous sentez un picotement dans les yeux. La douleur est de plus en plus forte. Après quelques instants, elle devient insupportable. Vos yeux vous font si mal que vous arrivez à peine à vous déplacer. Quelques mètres plus loin, vous vous penchez au sol afin de ramasser quelques fleurs trempées et vous couvrir les yeux.

Vous avez traversé le nuage, mais vous avez été légèrement blessé aux yeux. Enlevez-vous 2 points de vie.

Vous pouvez continuer votre exploration en choisissant une nouvelle destination sur votre carte.

58

Étrange! Lorsque vous êtes passé ici la dernière fois, une statue affreuse se tenait là dans ce coin. Maintenant, il n'y a plus que le socle... sauf que les pierres y sont toujours.

Si vous décidez d'essayer de prendre les pierres, **allez au 68**. Si vous préférez continuer votre exploration, choisissez une nouvelle destination sur votre carte.

59

Vous posez la main délicatement sur cette grosse pierre. Vous ressentez subitement une drôle de vibration à l'intérieur de vous-même. Votre corps se met à vibrer, et vos membres à grelotter. Soudainement – *pouf*! – vous disparaissez en fumée et vous réapparaissez dans un autre endroit tout aussi étrange, devant une autre grosse pierre bleue. Vous avez été téléporté. **Allez au 18.**

60

Vous posez la main sur la poignée et, très lentement, en prenant soin de ne pas faire de bruit, vous tournez le mécanisme d'un demi-tour. Ce n'est pas verrouillé, constatez-vous. Vous continuez votre mouvement et ouvrez délicatement la porte afin d'entrevoir l'intérieur de la pièce. Tout est noir. Vous n'arrivez même pas à voir le bout de votre arme. Vous prenez votre courage à deux mains et avancez doucement dans cette obscurité.

Tout à coup, la lumière se fait! **Allez au 48**.

61

Vous sortez de votre sac un petit morceau de sucre et vous le lui offrez doucement. Le singe le prend délicatement entre ses pattes et, tout en le faisant tournoyer, il le déguste finement. Son regard est tel que vous percevez dans ses yeux une grande satisfaction.

Après quelques instants, le singe fait un grand saut sur l'arbre et disparaît.

Vous vous dites qu'il est parti et vous vous préparez à faire de même quand vous le voyez soudainement réapparaître, tenant entre ses pattes un petit objet brillant. Il s'approche de vous, grimpe sur votre épaule gauche et vous tend l'objet. C'est une pièce d'or! Vous êtes un peu surpris, mais vous la prenez. Vous caressez délicatement le singe en guise de remerciement. Il se colle contre votre joue gauche quelques instants, puis, en lançant un petit cri, il disparaît dans les branches du pommier.

Apparemment, vous venez de vous faire un nouvel ami.

– Petit singe, je vais t'appeler Pom Pom, lancez-vous à l'animal d'une voix forte.

Vous entendez aussitôt un nouveau cri, comme si l'animal aimait bien cette appellation.

Vous souriez et repartez. Choisissez une nouvelle destination sur votre carte.

62

Sur vos gardes, vous avancez doucement vers les grandes caisses de bois. Lancez un « jet d'habileté ».

- Si vous réussissez, **allez au 86.**
- Si vous ne réussissez pas, **allez au 52.**

63

Vous infléchissez votre trajectoire jusqu'au fond du cours d'eau. Vous nagez prudemment, le ventre contre le sol. Vous ralentissez chacun de vos mouvements afin de ne pas attirer l'attention de la créature. Lancez un « jet de chance ».

- ❖ Si vous réussissez, bravo! Votre plan aura fonctionné et vous aurez dépassé la créature sans qu'elle se préoccupe de vous. Choisissez une nouvelle destination sur votre carte.

- ❖ Si vous ne réussissez pas, vous ferez un faux mouvement produisant quelques remous. La créature vous apercevra aussitôt et vous attaquera. **Allez au 67**.

64

Ce nuage ne vous semble pas normal et vous ne voulez pas courir de risques. Vous croyez que cette fumée pourrait être dommageable pour la vue. Vous prenez donc soin de vous fermer les yeux. Ensuite, en vous servant de votre arme pour vous guider, vous avancez prudemment dans le nuage.

Après quelques minutes, vous ouvrez légèrement un œil. Vous constatez que la fumée est maintenant derrière vous. Vous avez traversé ce gros nuage.

Vous pouvez continuer votre exploration en choisissant une nouvelle destination sur votre carte.

65

Vous posez la main délicatement sur cette grosse pierre. Subitement, vous ressentez une drôle de vibration à l'intérieur de vous-même. Votre corps se met à vibrer, et vos membres à grelotter. Soudainement – *pouf*! – vous disparaissez en fumée et réapparaissez dans un autre endroit tout aussi étrange, devant une autre grosse pierre bleue. Vous avez été téléporté. **Allez au 10.**

66

Ce nuage ne vous semble pas normal et vous ne voulez pas courir de risques. Il se pourrait que cette fumée soit nocive. Donc, vous prenez soin de vous boucher le nez et de ne pas respirer.

À peine entré dans le nuage, vous sentez un picotement dans les yeux. La douleur est de plus en plus forte. Après quelques instants, elle devient insupportable. Vos yeux vous font si mal que vous arrivez à peine à vous déplacer. Quelques mètres plus loin, vous vous penchez au sol afin de ramasser quelques fleurs trempées et vous en couvrir les yeux.

Vous avez traversé le nuage, mais vous avez été légèrement blessé aux yeux. Enlevez-vous 2 points de vie.

Vous pouvez continuer votre exploration en choisissant une nouvelle destination sur votre carte.

67

Le combat contre le crabe géant

Caractéristiques	
Attaque	Vie
9	9
Or	

Nom	Dégât
Pinces	3

Si vous survivez, choisissez une nouvelle destination sur votre carte.

68

Vous sortez de votre sac un petit couteau et, avec la pointe, vous essayez de retirer les pierres de leur emplacement.

Avec un peu de patience et de travail, vous réussissez à prendre les gemmes.

Vous avez acquis 2 topazes jaunes d'une valeur totale de 6 pièces d'or. Continuez votre exploration en choisissant une nouvelle destination sur votre carte.

69

Vous constatez que ce bruit n'est pas normal. Vous posez un genou au sol et soulevez légèrement le quai afin de regarder sous les planches.

– Pouah ! criez-vous.

Il y a sous ce bois humide une vieille carcasse humaine. D'après vous, elle a été cachée là par quelqu'un. Vous fouillez le corps et vous trouvez 4 pièces d'or.

Continuez votre exploration en choisissant une nouvelle destination sur votre carte.

70

Vous posez la main délicatement sur cette grosse pierre. Subitement, vous ressentez une drôle de vibration à l'intérieur de vous-même. Votre corps se met à vibrer, et vos membres à grelotter.

Soudainement – *pouf*! – vous disparaissez en fumée et réapparaissez dans un autre endroit tout aussi étrange, devant une autre grosse pierre bleue. Vous avez été téléporté. **Allez au 27**.

71

« Ce n'est pas ce gros arbre qui va m'arrêter ! » vous dites-vous d'un air confiant.

Pour réussir à fracasser cet arbre et à passer, vous devez posséder soit une arme faisant 5 points de dégât ou plus, soit la magie « boule de feu ».

Sinon, vous essayerez avec acharnement de vous frayer un chemin, mais en vain. Vous devrez vous résigner à revenir sur vos pas et à explorer un autre endroit sur votre carte.

Si vous réussissez, quand vous repasserez par ici, vous n'aurez plus besoin de vous inquiéter de la présence de l'arbre. Continuez votre exploration en choisissant une nouvelle destination sur votre carte.

72

Ah oui ! vous reconnaissez bien les lieux. Il s'agit de cet endroit près du gros pommier où vous avez rencontré le petit singe.

Vous pouvez contourner le feuillu et choisir une autre destination sur la carte.

73

Au moment même où vous vous arrêtez pour revenir, vous apercevez un tas d'ossements au sol. Près des restes humains, il y a 4 pièces d'or. Vous pouvez les ramasser. Vous devez maintenant choisir une autre destination sur la carte.

74

Étant pratiquement certain que celui qui habite cette pièce est à l'origine de tout ceci, vous vous dites que, pour mettre toutes les chances de votre côté, vous allez profiter de l'effet de surprise.

Vous reculez afin de prendre un élan et, avec toute la détermination du bœuf, vous foncez tête première dans la porte. Lancez un « jet d'habileté ».

- ❖ Si vous réussissez, la porte éclatera sous l'impact de votre corps et vous vous précipiterez dans la pièce. **Allez au 48**.

- ❖ Si vous ne réussissez pas, la porte cédera mais avec beaucoup de peine. Vous vous serez fait terriblement mal à l'épaule. Vous perdrez 2 points de vie. Vous entrerez ensuite dans la pièce. **Allez au 48**.

75

Vous vous dites que si vous lui lancez une partie de vos vivres, vous pourrez ensuite passer pendant qu'il mange.

Vous lui lancez un peu de nourriture en faisant bien attention de viser un peu plus loin, afin qu'il ait à se déplacer et qu'il dégage ainsi l'accès au quai. Votre plan est astucieux, mais portera-t-il ses fruits ?

Le crapaud mord à l'hameçon et se déplace pour aller chercher la nourriture. Pendant ce temps, vous avancez rapidement vers le quai. Lancez un « jet d'habileté ».

- Si vous réussissez, vous pourrez continuer votre route en choisissant une autre destination à l'aide de votre carte.

- Si vous ne réussissez pas, vous serez presque arrivé quand soudain vous sentirez une grosse langue vous heurter à la tête. **Allez au 79**.

76

Vous vous dites que vous n'avez pas à vous alarmer pour un petit nuage.

À peine entré dans le nuage, vous sentez une démangeaison à la gorge. La douleur est de plus en plus forte. Après quelques instants, elle devient insupportable et vous descend dans l'estomac. Vous avez de la difficulté à respirer et vous arrivez à peine à vous déplacer. Dans un ultime effort, vous vous lancez hors du nuage et vous vous écroulez au sol. Vous vomissez un bon moment et, après une heure, vous commencez à vous sentir mieux. Vous pourrez reprendre le chemin bientôt.

Vous avez traversé le nuage, mais vous avez subi de légères brûlures à l'estomac. Estimez-vous chanceux d'avoir survécu. Enlevez-vous 3 points de vie.

Vous pouvez continuer votre exploration en choisissant une nouvelle destination sur votre carte.

77

L'arme à la main, vous entrez dans la tente. Il n'y a personne, mais cet endroit est manifestement habité. Vous y retrouvez quelques meubles ainsi qu'un vieux lit.

Vous fouillez minutieusement les lieux et trouvez 4 pièces d'or ainsi que 1 bague magique d'attaque (+1 point d'attaque).

Si vous désirez aller voir les caisses, **allez au 62**. Si vous préférez rebrousser chemin et continuer à explorer, choisissez une nouvelle destination sur votre carte.

78

Toc ! Toc ! Toc ! Vous cognez à la porte, mais sans susciter la moindre réaction.

– Est-ce que je peux entrer ? demandez-vous amicalement.

Ne recevant aucune réponse, vous tournez la poignée et vous entrez prudemment dans la pièce. **Allez au 48**.

79

Le crapaud vous attaque.

le combat contre le crapaud

Caractéristiques	
Attaque	**Vie**
9	7
Or	

Nom	Dégât
Langue	3

Si vous survivez, choisissez une nouvelle destination sur votre carte.

80

En soulevant la première branche, vous entendez un claquement. D'un geste spontané, vous sautez de côté, évitant de justesse un énorme piège. Ce guet-apens vous aurait emprisonné dans un filet.

Ouf! Vous l'avez échappé belle cette fois-ci, vous dites-vous, le cœur palpitant.

Vous contournez le piège et continuez votre route.

Choisissez une autre destination sur votre carte.

81

Vous lancez quelques mots au hasard en espérant que l'ogre ne soit pas très intelligent. La créature vous regarde avec colère, se penche pour ramasser un gros gourdin et vous attaque. **Allez au 103** pour l'affronter.

82

Ce nuage ne vous semble pas normal et vous ne voulez pas courir de risques. Sa teinte verdâtre vous porte à croire que cette fumée pourrait être empoisonnée. Par conséquent, vous prenez soin de vous boucher le nez et de ne pas respirer pendant votre traversée. Vous avancez ensuite dans le nuage.

Tout semble bien aller. Après quelques minutes, vous manquez de souffle mais, heureusement, vous avez traversé le nuage.

Vous pouvez continuer votre exploration en choisissant une nouvelle destination sur votre carte.

83

Vous avancez doucement sur le plancher de marbre quand, tout à coup, la surface s'illumine et vous vous sentez légèrement étourdi.

Si vous désirez essayer de sauter dans l'herbe, loin du plancher, **allez au 54.** Si vous préférez continuer votre marche, **allez au 45.**

84

Après quelques heures, vous entendez des bruits de pas. Vous essayez d'en déterminer la provenance, mais en vain. Le piège est trop serré. Tout à coup - ouille ! - vous sentez des balles magiques vous traverser le corps et vous faire des blessures sanglantes. Vous criez de toutes vos forces à la créature pour qu'elle s'arrête, mais en vain. Après quelques balles magiques, vous essayez toujours de résister, mais la douleur est trop forte et vous rendez l'âme.

Malheureusement, vous n'avez pas survécu, et c'est ici que se termine votre quête.

Vous devez maintenant créer un nouveau personnage et recommencer le jeu au début. Profitez donc de cette occasion pour ne pas refaire les mêmes erreurs…

85

Dès que vous portez l'eau à vos lèvres, vous ressentez un sentiment de bien-être. Cette eau est miraculeuse, estimez-vous. Après quelques gorgées, vous vous sentez en pleine forme et reposé comme jamais !

Vous avez récupéré tous vos points de vie. Vous pouvez également remplir votre gourde avec cette eau qui aura l'effet d'une potion de vie extrême (récupération de tous vos points de vie).

Maintenant, utilisez votre carte et choisissez une nouvelle destination.

86

Soudainement, vous entendez un claquement. D'un geste spontané, vous sautez de côté, évitant de justesse un énorme piège. Si vous n'aviez pas réagi assez vite, vous auriez été emprisonné dans un filet.

Vous vous dites que celui qui a fabriqué ce piège est très ingénieux et qu'il serait préférable pour vous de ne pas traîner dans le coin.

Vous fouillez rapidement les caisses avant de repartir. Vous trouvez 5 pièces d'or, 1 sceptre magique de couleur rubis, ainsi que 2 potions de vie moyennes.

Choisissez une autre destination sur votre carte.

87

Vous nagez doucement le long du labyrinthe et vous essayez subtilement de passer près du crapaud. Malheureusement, lorsque vous n'êtes plus qu'à environ un mètre de lui, l'énorme crapaud sort sa longue langue verte et vous attaque sauvagement. **Allez au 79.**

88

Sur le chemin du retour, vous essayez d'appeler Pom Pom. Vous vous dites que le petit singe ne doit pas être très loin. Il est probablement en train de faire l'espiègle.

Après quelques essais, vous le voyez enfin apparaître, sortant des buissons. Cependant, cette fois-ci, il n'est pas seul. Il est accompagné d'un autre singe un peu plus délicat, ainsi que d'un tout petit bébé singe. « Qu'il est mignon ce petit bout de chou ! » vous dites-vous.

Vous souriez de joie car vous comprenez vite que c'est la petite famille de votre ami. Les trois petits singes grimpent sur vos épaules. Vous leur offrez quelques morceaux de sucre, qu'ils mangent en les faisant tournoyer entre leurs pattes. À entendre leurs cris, vous savez qu'ils sont vraiment ravis. Vous avez l'impression de jaser avec eux, même si aucun mot n'est prononcé.

Les petits singes vous accompagnent jusqu'au bateau. Vous êtes un peu triste de vous séparer de Pom Pom, mais vous savez maintenant qu'il sera heureux ici, dans cette grande île, avec sa petite famille.

Il est maintenant temps de retourner à la ville et de faire votre rapport au roi. Une fois que vous serez rendu en ville, **allez au 200.**

Les monstres aléatoires

101

Vous êtes attaqué par un serpent.

Caractéristiques	
Attaque	**Vie**
7	7
Or	

Nom	Dégât
Crocs	2

Ce serpent est reconnaissable à ses taches bleutées. Bien qu'il ne soit pas vénéneux, il possède une redoutable morsure.

Si vous survivez, vous pourrez continuer votre route en choisissant une autre destination sur la carte.

102

Vous êtes attaqué par un grand reptile.

Caractéristiques	
Attaque	**Vie**
8	9
Or	

Nom	Dégât
Griffes	3

Ce reptile est aussi appelé le grand tatou. Il peut atteindre 1,50 mètre de longueur et peser jusqu'à 41 kilos. Il se nourrit presque exclusivement de serpents.

Bien qu'il soit généralement inoffensif, il lui arrive parfois d'être agressif envers les humains. Si vous le rencontrez, vous ferez mieux de l'éviter.

Si vous survivez, vous pourrez continuer votre route en choisissant une autre destination sur votre carte.

103

Vous êtes attaqué par un ogre.

Caractéristiques	
Attaque	Vie
9	7
Or	
3	

Nom	Dégât
Rondin	4

Mi-homme, mi-animal, les ogres sont des créatures particulièrement affreuses et horribles. Même s'ils ne semblent pas très aguerris, ils sont extrêmement dangereux.

Si vous survivez, vous trouverez sur l'ogre 3 pièces d'or.

Vous pourrez continuer votre route en choisissant une autre destination sur votre carte.

104

Vous êtes attaqué par un gobelin bleu.

Caractéristiques	
Attaque	**Vie**
10	6

Or
2

Nom	Dégât
Griffes	2

Les gobelins sont des petites créatures (en moyenne 1,40 mètre à partir de leurs bottes jusqu'à la pointe de leurs longues oreilles en forme d'ailes de chauve-souris) qui vivent dans les collines. Leur peau (verte ou bleue) est lisse, mais l'intérieur de leurs oreilles, et parfois leurs avant-bras, sont recouverts de quelques poils.

Si vous survivez, vous trouverez 2 pièces d'or sur le gobelin.

Vous pourrez continuer votre route en choisissant une autre destination sur votre carte.

105

Vous êtes attaqué par un homme-lézard.

Caractéristiques	
Attaque	Vie
9	8
Or	
4	

Nom	Dégât
Bâton	4

Les hommes-lézards sont plus grands qu'un être humain normal. Ils sont généralement de couleur vert clair. Grâce à leurs yeux sombres situés de chaque côté de la tête, ils ont une vision panoramique plus grande. Ils se servent de leur queue pour assurer leur équilibre. Ils sont très habiles dans l'eau.

Si vous survivez, vous trouverez 4 pièces d'or sur l'homme-lézard.

Vous pourrez continuer votre route en choisissant une autre destination sur votre carte.

106

Vous êtes attaqué par un homme-poisson.

Caractéristiques	
Attaque	Vie
10	10
Or	
5	

Nom	Dégât
Grande épée magique	5

L'homme-poisson est une créature mi-homme, mi-poisson. Il est d'un bleu vif et possède le corps d'un homme mais la tête d'un gros poisson. Bien que cette créature repoussante soit plus confortable dans l'eau, elle peut facilement se déplacer sur la terre.

Si vous survivez, vous trouverez sur l'homme-poisson 5 pièces d'or et 1 épée magique rubis.

Vous pourrez continuer votre route en choisissant une autre destination sur la carte.

La fin des quêtes

200

Une fois rendu à la ville, vous vous empressez d'aller au château faire votre rapport au roi.

Vous vous faites annoncer et, quelques minutes plus tard, le roi arrive, accompagné de votre maître d'enseignement.

– Bonjour à vous, dit le roi en vous souriant. Avez-vous des bonnes nouvelles ?

– Oui, mon roi, j'ai des nouvelles, lui répondez-vous en lui présentant les gros parchemins. Mais vous seul pourrez me dire si elles sont bonnes.

Le roi prend quelques minutes pour jeter un coup d'œil aux écrits. En même temps, il vous rassure sur l'état actuel de la guerre.

– C'est excellent! s'exclame-t-il. C'est même beaucoup mieux que ce à quoi nous nous attendions. Ces informations vont nous être très précieuses. Nous allons réunir les mages et leur faire analyser en profondeur.

– Ah oui! j'oubliais, dites-vous. J'ai aussi les champignons bleus.

– Haro va être content! s'exclame votre maître en souriant. Allez lui porter. Il est présentement à sa résidence. C'est la petite maison rouge qui fait le coin de la rue.

Le roi vous regarde dans les yeux et vous témoigne sa reconnaissance.

– Encore une fois, vous avez réussi votre mission avec brio, vous félicite-t-il. Je suis fier de vous. Sachez que votre loyauté et votre courage seront criés haut et fort.

Il se tourne vers votre maître.

– Qu'il soit récompensé! lui dit-il.

Vous aurez donc droit à 8 pièces d'or plus une soirée en votre honneur.

Vous devez maintenant aller porter les champignons à Haro. **Allez au 201.**

201

Vous allez retrouver le druide Haro afin de lui rapporter ses précieux champignons bleus. Cependant, vous n'êtes toujours pas convaincu de la nécessité de vous être donné tant de mal pour ces petites choses.

Lorsque vous arrivez à la petite maison rouge, vous apercevez le druide qui, agenouillé, travaille dans son jardin.

– Bonjour, Druide, lui dites-vous, ne sachant guère si vous devriez utiliser son prénom.

– Ah bonjour ! fait-il d'une voix accueillante. Appelle-moi Haro, si tu veux bien.

– Eh bien, Haro, j'ai un cadeau pour vous.

Vous sortez de votre grand sac les petits champignons bleus. Haro sourit, prend les champignons dans ses mains, les observe quelques instants, et vous regarde d'un air triste.

– Mais ce ne sont pas ceux-là ! s'exclame-t-il.

Vous blêmissez, vos jambes s'alourdissent, et vous revivez le combat que vous avez dû livrer à l'homme-poisson pour obtenir ces foutus champignons.

Sans vous laisser le temps de dire un mot, Haro éclate de rire.

– Bien sûr que c'est du « Chomum » ! s'écrie-t-il. Merci beaucoup. J'en avais tellement besoin.

Vous êtes encore sur le choc mais, après un moment, vous constatez que Haro est finalement très drôle.

Vous bavardez avec lui un bon moment et vous apprenez que le « Chomum » est l'ingrédient principal qui sert à préparer les potions de vie.

D'ailleurs, afin de vous remercier, Haro vous donne 2 potions de vie moyennes.

En partant, vous vous dites que ce druide est vraiment sympathique et que vous reviendrez à l'occasion pour bavarder un peu avec lui...

Le mot de la fin

MERCI beaucoup, et j'espère que nous avons su vous divertir quelques heures.

N'oubliez pas que, en changeant de personnage et de choix, vous pouvez refaire le jeu autant de fois que vous le voulez.

Comme nous l'avons mentionné au début, vous pouvez également jouer avec un camarade. Dans ce cas, vous n'avez qu'à doubler le nombre de monstres rencontrés, en respectant bien la règle qu'un monstre ne doit affronter qu'une seule personne à la fois.

Nous vous invitons à nous faire part de vos commentaires concernant les livres de cette série. Nous sommes toujours à la recherche de nouvelles idées.

Il nous reste donc à vous souhaiter d'autres bons moments fantastiques et à vous donner rendez-vous au prochain tome…

ANNEXE A

Les fiches de personnages

Voici les personnages suggérés dans ce livre. Cependant, vous pouvez aussi utiliser l'un de ceux que vous possédez déjà ou l'un de ceux présentés sur le site Web.

Druide

Nom	
Âge	
Autres	

Différence entre mes points d'attaque et ceux de mon adversaire

Lancer 1 dé (6 faces)	Désavantage 5	Désavantage 4	Désavantage 3	Désavantage 2	Désavantage 1	0	Avantage 1	Avantage 2	Avantage 3	Avantage 4	Avantage 5
1	0	0	0	0	0	0	0	0	0+1	0+1	0+1
2	X	X	0	0	0	0	0	0	0	0	0+1
3	X	X	X	X	0-1	0	0	0	0	0	0
4	X	X	X	X	X	X	X-1	0	0	0	0
5	X+1	X	X	X	X	X	X	X	X	0	0
6	X+1	X+1	X+1	X	X	X	X	X	X	X	X

Caractéristiques

Attaque	*Vie*	*Chance*	*Habileté*
8	**22**	**4**	**4**

Or : 5

Équipements

Nom	*Explication*	*Autre détail*
Torche	Torche et équipement d'allumage	
Potions de vie moyennes (2)	Donne 2 dés de points de vie	Valeur de revente (3 pièces d'or)

Armes/magies

Nom	*Explication*	*Dégât/magie*	*Utilisation*
Sceptre de base	Ce sceptre est fournie lors de l'entraînement de base. Il n'a aucune valeur de revente.	3 points	
Guérison (niveau 1)	Magie qui permet de guérir de 2 dés points de vie. Elle peut être utilisée sur soi ou sur un partenaire.	2 dés	2 fois/jour
Change panthère	Cette magie permet au lanceur de se changer en belle panthère noire la durée d'un combat avec les caractéristiques suivantes : attaque, 11 ; dégât, 5.	5 points	2 fois/jour

Magicien

Nom	
Âge	
Autres	

Différence entre mes points d'attaque et ceux de mon adversaire

Lancer 1 dé (6 faces)	Désavantage						Avantage				
	5	4	3	2	1	0	1	2	3	4	5
1	0	0	0	0	0	0	0	0	0+1	0+1	0+1
2	X	X	0	0	0	0	0	0	0	0	0+1
3	X	X	X	X	0-1	0	0	0	0	0	0
4	X	X	X	X	X	X	X-1	0	0	0	0
5	X+1	X	X	X	X	X	X	X	X	0	0
6	X+1	X+1	X+1	X	X	X	X	X	X	X	X

Caractéristiques

Attaque	*Vie*	*Chance*	*Habileté*
9	19	3	3

Or : 5

Équipements

Nom	*Explication*	*Autre détail*
Torche	Torche et équipement d'allumage	
Potions de vie moyennes (2)	Donne 2 dés de points de vie	Valeur de revente (3 pièces d'or)

Armes/magies

Nom	*Explication*	*Dégât/magie*	*Utilisation*
Sceptre de base	Ce sceptre est fournie lors de l'entraînement de base. Il n'a aucune valeur de revente.	3 points	
Balle magique (magie)	Magie qui projette des petites balles colorées provoquant des chocs électriques.	4 points	2 fois/jour
Boule de feu (magie)	Magie qui permet de projeter des boules de feu. Les boules explosent au contact de la cible.	6 points	2 fois/jour
Invisibilité (magie)	Magie qui permet au lanceur de se rendre invisible pendant 30 secondes, le temps nécessaire d'abandonner le combat.	1 attaque	1 fois/jour

Ninja

Nom	
Âge	
Autres	

Lancer 1 dé (6 faces)	Différence entre mes points d'attaque et ceux de mon adversaire										
	Désavantage						Avantage				
	5	4	3	2	1	0	1	2	3	4	5
1	0	0	0	0	0	0	0	0	0+1	0+1	0+1
2	X	X	0	0	0	0	0	0	0	0	0+1
3	X	X	X	X	0-1	0	0	0	0	0	0
4	X	X	X	X	X	X	X-1	0	0	0	0
5	X+1	X	X	X	X	X	X	X	X	0	0
6	X+1	X+1	X+1	X	X	X	X	X	X	X	X

Caractéristiques

Attaque	*Vie*	*Chance*	*Habileté*
11	**23**	**4**	**4**

Or : 5

Équipements

Nom	*Explication*	*Autre détail*
Torche	Torche et équipement d'allumage	
Potions de vie moyennes (2)	Donne 2 dés de points de vie	Valeur de revente (3 pièces d'or)

Armes/magies

Nom	*Explication*	*Dégât/magie*	*Utilisation*
Shuriken	Cette arme est fournie lors de l'entraînement de base. Elle n'a aucune valeur de revente.	3 points	
Mort subite	Cette faculté permet au ninja de simuler la mort. Elle lui permettra de se sortir d'un combat.		1 fois/jour

Paladin

Nom	
Âge	
Autres	

Lancer 1 dé (6 faces)	Différence entre mes points d'attaque et ceux de mon adversaire										
	Désavantage						Avantage				
	5	4	3	2	1	0	1	2	3	4	5
1	0	0	0	0	0	0	0	0	0+1	0+1	0+1
2	X	X	0	0	0	0	0	0	0	0	0+1
3	X	X	X	X	0-1	0	0	0	0	0	0
4	X	X	X	X	X	X	X-1	0	0	0	0
5	X+1	X	X	X	X	X	X	X	X	0	0
6	X+1	X+1	X+1	X	X	X	X	X	X	X	X

Caractéristiques

Attaque	*Vie*	*Chance*	*Habileté*
10	**30**	**3**	**2**

Or : 5

Équipements

Nom	*Explication*	*Autre détail*
Torche	Torche et équipement d'allumage	
Potions de vie moyennes (2)	Donne 2 dés de points de vie	Valeur de revente (3 pièces d'or)

Armes/magies

Nom	*Explication*	*Dégât/magie*	*Utilisation*
Épée de base	Cette épée est fournie lors de l'entraînement de base. Elle n'a aucune valeur de revente.	4 points	

Voleur

Nom	
Âge	
Autres	

Lancer 1 dé (6 faces)	Différence entre mes points d'attaque et ceux de mon adversaire										
	Désavantage						Avantage				
	5	4	3	2	1	0	1	2	3	4	5
1	0	0	0	0	0	0	0	0	0+1	0+1	0+1
2	X	X	0	0	0	0	0	0	0	0	0+1
3	X	X	X	X	0-1	0	0	0	0	0	0
4	X	X	X	X	X	X	X-1	0	0	0	0
5	X+1	X	X	X	X	X	X	X	X	0	0
6	X+1	X+1	X+1	X	X	X	X	X	X	X	X

Caractéristiques

Attaque	*Vie*	*Chance*	*Habileté*
11	**23**	**4**	**4**

Or : 5

Équipements

Nom	*Explication*	*Autre détail*
Torche	Torche et équipement d'allumage	
Potions de vie moyennes (2)	Donne 2 dés de points de vie	Valeur de revente (3 pièces d'or)

Armes/magies

Nom	*Explication*	*Dégât/magie*	*Utilisation*
Dague de base	Cette dague est fournie lors de l'entraînement de base. Elle n'a aucune valeur de revente.	3 points	

Voleuse

Nom	
Âge	
Autres	

Lancer 1 dé (6 faces)	Désavantage 5	Désavantage 4	Désavantage 3	Désavantage 2	Désavantage 1	0	Avantage 1	Avantage 2	Avantage 3	Avantage 4	Avantage 5
1	0	0	0	0	0	0	0	0	0+1	0+1	0+1
2	X	X	0	0	0	0	0	0	0	0	0+1
3	X	X	X	X	0-1	0	0	0	0	0	0
4	X	X	X	X	X	X	X-1	0	0	0	0
5	X+1	X	X	X	X	X	X	X	X	0	0
6	X+1	X+1	X+1	X	X	X	X	X	X	X	X

Différence entre mes points d'attaque et ceux de mon adversaire

Caractéristiques

Attaque	*Vie*	*Chance*	*Habileté*
10	**25**	**4**	**4**

Or : 5

Équipements

Nom	*Explication*	*Autre détail*
Torche	Torche et équipement d'allumage	
Potions de vie moyennes (2)	Donne 2 dés de points de vie	Valeur de revente (3 pièces d'or)

Armes/magies

Nom	*Explication*	*Dégât/magie*	*Utilisation*
Dague de base	Cette dague est fournie lors de l'entraînement de base. Elle n'a aucune valeur de revente.	3 points	

ANNEXE B

La boutique

Boutique – Articles		
Nom	Explication	Or
Corde	Corde de 30 mètres	2
Épée longue	Utilisée par les paladins et les guerriers Dégât 5	5
Dague	Utilisée par les voleurs Dégât 4	4
Sceptre	Utilisé par les magiciens Dégât 3	4
Potion de vie légère	Utilisée par toutes les classes Récupération (1 dé de points de vie)	3
Potion de vie moyenne	Utilisée par toutes les classes. Récupération (2 dés de points de vie)	5
Potion pour respirer sous l'eau	Utilisée par tous Utilisation : 1 fois Durée : 5 minutes	15
Épée longue magique	Utilisée par les paladins et les guerriers Dégât 6	12
Dague magique	Utilisée par les voleurs Dégât 5	8
Sceptre magique	Utilisé par les magiciens et magiciennes Dégât 4	8

Boutique – Articles rares		
Nom	*Explication*	*Or*
Potion de vie extrême	Utilisée par toutes les classes Récupération de tous les points de vie	15
Épée longue magique	Utilisée par les paladins et les guerriers Dégât 7	25
Dague magique	Utilisée par les voleurs Dégât 6	25
Bague d'attaque +1	Ajout permanent de 1 point d'attaque	25
Bague de vie +1	Ajout permanent de 1 point de vie	25
Bague d'invisibilité	Utilisée par toutes les classes Utilisation : 1 fois par jour	40
Parchemin pour souffle de glace	Utilisé par les magiciens Utilisation : 1 fois par jour Dégât 7	35

Pour obtenir une copie
de notre catalogue,
communiquez avec :
AdA
1385, boul. Lionel-Boulet
Varennes, Québec
J3X 1P7
Téléc : (450) 929-0220
info@ada-inc.com
www.ada-inc.com
Pour l'Europe, voici les coordonnées :
France : D.G. Diffusion Tél. : 05.61.00.09.99
Belgique : D.G. Diffusion Tél. : 05.61.00.09.99
Suisse : Transat Tél. : 23.42.77.40

La production du titre ***À vous de Jouer-Tome 2***
sur papier Rolland Enviro 100 Édition
plutôt que sur du papier vierge aide l'environnement en économ

Arbre(s) : 3
Déchets solides : 101 kg
Eau : 9525 L
Matières en suspension dans l'eau : 0,6 kg
Émissions atmosphériques : 221 kg
Gaz naturel : 14m^3

Transcontinental

ENVIRONMENTAL CHOICE · CHOIX ENVIRONNEMENTAL — PROCESSED CHLORINE FREE — 100% — BIO GAZ ÉNERGIE — PERMANENT

AdA Inc.

www.AdA-inc.com
info@AdA-inc.com

Imprimé sur Rolland Enviro 100, contenant
100% de fibres recyclées postconsommation,
certifié Éco-Logo, Procédé sans chlore, FSC
Recyclé et fabriqué à partir d'énergie biogaz.